Man soll dem Leib etwas Gutes bieten, damit die Seele Lust hat, darin zu wohnen.

DIE KLEINEN UNTERSCHIEDE VOM TM 21 ZUM TM 31

TM 21	TM 31
Rühren: Stufe 1–3, 100–1000 U/Min.	Sanftrührstufe: Kochlöffelsymbol, 40 U/Min.
Mixen/Pürieren: Stufe 4–9, 2000–9100 U/Min.	Rühren: Stufe 1–3, 100–500 U/Min.
Turbomixen: „Turbo“, 12.000 U/Min.	Mixen/Pürieren: Stufe 4–9, 1100–7600 U/Min.
Brotstufe: Intervall, ca. 6000 U/Min.	Turbo: Stufe 10 od. Turbotaste, 10200 U/Min.
	Brotstufe: ähnlich wie bei TM 21 und automatischer Linkslauf

Bei der Umrechnung der Rezepte von TM 21 auf TM 31 ist nur auf die Stufen 3 und 4 zu achten. Stufe 3 mixt beim TM 31 schon, während beim TM 21 noch gerührt wird. Alles andere ist gleich!

	ABKÜRZUNGEN	
LL = Linkslauf	gem. = gemahlen	TK = tiefgekühlt
Sek. = Sekunden	P. = Päckchen/Packung	O/U = Ober-/Unterhitze
Min. = Minuten	TL = Teelöffel	Msp. = Messerspitze
St. = Stück	EL = Esslöffel	l = Liter
g = Gramm	MB = Messbecher	ml = Milliliter
kg = Kilogramm	gr. = groß	Fl. = Flasche
U/Min. = Umdrehungen/ Minute	kl. = klein	Pr. = Prise

ZUTATEN, DIE IMMER AUF DIE GLEICHE WEISE HERGESTELLT WERDEN:

Eiweiß im Thermomix:	Rühraufsatz in den Mixtopf setzen und ca. 4 Min./Stufe 3 steif schlagen.
Diverse Nüsse mahlen:	30 Sek./Stufe 10 mahlen.
Blockschokolade mahlen:	30 Sek./Stufe 10 mahlen.

INHALT

Amaretto-Apfel-Kuchen

ZUTATEN:

6 EL Zucker
1 TL abgeriebene Zitronenschale
3 Eier
½ MB Milch
6 EL Mehl
1 P. Backpulver
1 P. Vanillezucker
2 TL Amaretto
4 Äpfel

ZUBEREITUNG:

Zucker mit Zitronenschale in den Mixtopf geben und auf **Stufe 10** pulverisieren. Restliche Zutaten (bis auf die Äpfel) nach und nach hinzufügen und **4 Min./Stufe 5** vermischen. Die Äpfel schälen und in Stücke schneiden und ebenfalls **1 Min./LL/Stufe 2** unterheben. Alles in eine gefettete Springform füllen und ca. 30–40 Min. bei 180 °C backen. Nach dem Backen evtl. mit Puderzucker bestreuen und garnieren.

Ananas-Tiramisu

ZUTATEN:

500 g flüssige Sahne
250 g Mascarpone
40 g Zucker
2 Dosen Ananas (je 500 g, in Scheiben)
100–130 g Saft von den Ananas
50 ml Orangenlikör
ca. 40 Löffelbiskuits
Maraschinokirschen zum Garnieren

ZUBEREITUNG:

Rühraufsatz einsetzen. Sahne, Mascarpone und Zucker in den Mixtopf geben und **20 Sek./Stufe 4** mixen. Masse teilen und beiseite stellen. Rühraufsatz entfernen. Die Ananasscheiben abtropfen lassen und in den Mixtopf geben (8 Ananasscheiben und den Saft für später zurückbehalten). **30 Sek./Stufe 6** zerkleinern und umfüllen. Eine hohe Schüssel mit Klarsichtfolie auskleiden und mit einer Schicht Löffelbiskuit auslegen. Ananassaft mit Orangenlikör mischen und die Löffelbiskuits damit tränken. Anschließend die Sahnemasse und dann die zerkleinerten Ananas darauf geben. Zum Abschluss nochmals eine Schicht Löffelbiskuit darüber legen. Am besten über Nacht in den Kühlschrank stellen. Zum Servieren stürzen und mit Sahne, Ananasscheiben und Kirschen dekorieren.

Apfelkuchen (ohne Ei)

ZUTATEN:

200 g Weizenmehl
100 g Haferflocken
4 EL Apfelsaft
50 g Honig
70 ml Öl
2 TL Backpulver
4 Äpfel, säuerliche
Zitronensaft
80 g Cashewnüsse
2 EL flüssigen Honig

ZUBEREITUNG:

Mehl, Haferflocken, Apfelsaft, Honig, Öl und Backpulver in den Mixtopf geben und **1 Min./Stufe 4** zu einem Teig verrühren und in eine gefettete Springform geben. Die Äpfel schälen, halbieren, mehrmals ca. 1 cm tief einschneiden und mit Zitronensaft beträufeln. Die Apfelhälften auf den Teig legen, etwas eindrücken. Die Cashewnüsse **8 Sek./Turbo** zerkleinern und mit dem Honig über die Äpfel geben. Ca. 25–30 Min. bei 200 °C backen.

Anmerkung: Wer es gerne sehr süß mag, kann den Kuchen mit weiteren 1–2 EL Honig beträufeln.

Baiser von Thermomix

ZUTATEN:

4 Eiweiß
200 g Zucker
1 Pr. Salz

ZUBEREITUNG:

Alle Zutaten in den Mixtopf geben und 3 **Min./37 °C/Stufe 2** mischen. Temperatur auf null stellen und **5 Min./Stufe 3** rühren. Die Masse gibt nun keine Flüssigkeit mehr ab und bleibt völlig steif. Gelingsicherer Eischnee, den man gut in einer Spritztülle verwenden kann. Sofort verwerten!

Brennnesselbrot

ZUTATEN:

150 g Dinkel
½ Würfel Hefe
150 ml Wasser
1 TL Honig
1 TL Salz
150 g Weizenmehl
1 TL Butter
1 Zwiebel (gewürfelt)
50 g Brennnesseln

ZUBEREITUNG:

Dinkel in den Mixtopf geben und **20 Sek./Stufe 10** fein mahlen. Hefe, Wasser, Honig, Salz und Weizenmehl dazugeben und **3 Min./Brotstufe** verkneten. 10 Min. ruhen lassen. Zimmerwarme Butter **1 Min./Stufe 3** in den Teig einarbeiten und umfüllen. Zwiebel mit Brennnesseln in den Mixtopf geben, **10 Sek./Stufe 6** zerkleinern, **2 Min./90 °C/Stufe 2** andünsten und unter den Teig kneten. Mindestens 30 Min. gehen lassen. Nun einen runden Laib formen und ca. 20–30 Min. bei 250 °C backen.

Bunni-Waffeln

OSTERGEBÄCK

ZUTATEN:

3 Eier (getrennt)
125 g Butter
50 g Zucker
1 P. Vanillezucker
1 Fl. Rumaroma
125 g Mehl
125 g Speisestärke
2 TL Backpulver
ca. 500 ml Buttermilch

ZUBEREITUNG:

Rühraufsatz einsetzen. Eiweiß in den Mixtopf geben, **2 Min./Stufe 4** steif schlagen und umfüllen. Butter und Zucker in den Mixtopf geben und **30 Sek./Stufe 4** schaumig schlagen. Restliche Zutaten hinzufügen und **1 Min./Stufe 3** mischen. Eiweiß kurz vor Ende der Minute mit Hilfe des Spatels unterheben. Mit dem sehr heißen, gut gefetteten Waffeleisen knusprige Waffeln ausbacken. Die Waffeln möglichst frisch und mit Puderzucker bestreut servieren. Man kann sie auch mit Obst oder Marmelade füllen.

Bunte Osterkekse

ZUTATEN:

TEIG:
200 g Mehl
2 Eigelb
100 g Zucker
1 P. Vanillezucker
100 g Butter
ZUM GARNIEREN:
100 g Aprikosenkonfitüre
2 EL Kokosraspel
rote Speisefarbe
je 25 g dunkle und weiße Kuvertüre
50 g Zuckereier
1 EL Hagelzucker

ZUBEREITUNG:

Alle Teigzutaten in den Thermomix füllen und **2 Min./Brotstufe** zu einem glatten Teig verarbeiten. In Folie wickeln und ca. 1 Stunde im Kühlschrank ruhen lassen. Backofen auf 180 °C vorheizen. Teig auf einer bemehlten Arbeitsfläche nochmals per Hand durchkneten und ca. 1 cm dick ausrollen. Österliche Motive ausstechen und auf ein mit Backpapier ausgelegtes Blech geben. Ca. 10–12 Min. backen. Auf einem Kuchengitter auskühlen lassen. Konfitüre in der Mikrowelle erwärmen und durch ein Sieb streichen. Die Kekse damit bepinseln. Einen Teil der Kokosraspel rot einfärben, einige Kekse damit bestreuen. Kuvertüre getrennt schmelzen. Die Kekse mit der weißen Kuvertüre bestreichen. Dunkle Kuvertüre in einen Gefrierbeutel geben, eine kleine Ecke abschneiden und die Kekse damit verzieren. Mit Zuckereiern und Hagelzucker dekorieren.

Buttermilchbrot für Ostersonntag

ZUTATEN:

200 g Weizen
je 100 g Dinkel und Hafer
250 g Roggen
1 TL Citroback
1 Würfel Hefe
100 g Sauerteig
1 TL Honig
3 MB lauwarmes Wasser
2½ MB Buttermilch
2 TL Salz

ZUBEREITUNG:

Weizen, Dinkel und Hafer einzeln **1½ Min./Stufe 10** zu Mehl mahlen und umfüllen. Restliche Zutaten mit dem gesamten Mehl **3 Min./Brotstufe** verarbeiten. Den Teig 1 Std. im Mixtopf gehen lassen. In eine Kastenform umfüllen, glatt streichen und mit Wasser bepinseln. Weitere 30 Min. gehen lassen. Ca. 1 Std. bei 200 °C backen, dabei die Form nach 30 Min. mit Alufolie abdecken.

Cassata alla Siciliana

ZUTATEN:

TEIG:
je 50 g Zitronat und Belegkirschen (gehackt)
20 g weiche Butter
5 Eier (getrennt)
200 g Zucker
abgeriebene Schale einer Zitrone
1 Pr. Salz
2 EL Orangenlikör
125 ml Milch
500 g Mehl
1 P. Backpulver
100 g Blockschokolade (fein gehackt)

GLASUR:
250 g Puderzucker
1 Eiweiß
1 EL geschmolzenes Kokosfett
1–2 TL Zitronensaft

ZUBEREITUNG:

Ofen auf 170 °C (O/U), 150 °C (Umluft) vorheizen. Springform (22 cm Ø) fetten und mit Mehl bestäuben. Zitronat und Belegkirschen ca. **3 Sek./Stufe 4–5** zerkleinern. Butter, Eigelb und Zucker hinzufügen und **30 Sek./Stufe 4** schaumig rühren. Restliche Zutaten für den Teig dazugeben und alles **2 Min./Stufe 3–4** verkneten. Teig in eine Springform füllen, glatt streichen und ca. 50–60 Min. bei 170 °C backen. Etwas abkühlen lassen, auf ein Kuchengitter stürzen und erkalten lassen. Puderzucker mit Eiweiß, Kokosfett und Zitronensaft in den Mixtopf geben, **10 Sek./Stufe 3** zu einer dickflüssigen Glasur verrühren und über den Kuchen fließen lassen. Nach Belieben verzieren.

Anmerkung: Etwas Dekostroh in die Mitte geben und Zuckereier einfüllen.

Doppel-Schnecken

ZUTATEN:

300 g Mehl
100 g Zucker
1 P. Vanillezucker
2 Eigelb
200 g kalte Butter
2 EL Kakaopulver

ZUBEREITUNG:

Alle Zutaten in den Mixtopf geben und **10 Sek./Stufe 4** zu einem bröseligen Teig verarbeiten. Herausnehmen und per Hand nochmals kurz durchkneten. Teig halbieren und unter die eine Hälfte das Kakaopulver mischen. Beide Teige einzeln dünn ausrollen, aufeinander legen und fest aufrollen. Rolle kurz anfrieren lassen und dann in ca. 1 cm dicke Scheiben schneiden und 15–20 Min. bei 175 °C backen.

Eierlikör

ZUTATEN:

6 Eigelb
250 g Zucker
1 P. Vanillezucker
250 ml Korn
200 ml Sahne

ZUBEREITUNG:

Eigelb mit Zucker und Vanillezucker in den Mixtopf geben und **8 Min./70 °C/Stufe 2** erhitzen. Unter ständigem Rühren nach ca. 4 Min. den Korn und die Sahne durch die Deckelöffnung zugeben. Immer weiterrühren lassen, den TM nicht ausstellen. Den Eierlikör in eine Flasche füllen, kühl lagern und bald verzehren.

Eierlikör-Ameisenkuchen

ZUTATEN:

250 g Butter
160 g Zucker
4 Eier
150 ml Eierlikör
1 Fl. Rumaroma
250 g Mehl
1 P. Backpulver
1 Tasse Schokoladenraspel
200 g Kuvertüre
25 g Palmfett

ZUBEREITUNG:

Butter und Zucker in den Mixtopf geben und **30 Sek./Stufe 2** schaumig rühren. Nun die Eier, den Eierlikör und das Rumaroma zufügen und weitere **30 Sek./Stufe 2** vermengen. Mehl und Backpulver mischen, in den Mixtopf geben und alles **1 Min./Stufe 3–4** zu einem Teig verarbeiten. Schokoladenraspel **15 Sek./Stufe 3** unterheben. Den Teig in eine gefettete Kuchenform füllen und ca. 45–50 Min. bei 175 °C backen. Kuchen aus der Form lösen und erkalten lassen. Kuvertüre mit Palmfett im Mixtopf **2 Min./50 °C** schmelzen und den Kuchen damit bestreichen.

Eierlikör-Sauce

ZUTATEN:

500 g Mascarpone
200 ml Eierlikör
50 ml Milch
2 P. Vanillezucker

ZUBEREITUNG:

Alle Zutaten in den Mixtopf geben und **2 Min./Stufe 3–4** gut mixen.

Anmerkung: Die Sauce passt hervorragend zu einem Obstsalat.

Eierlikör-Schoko-Torte

ZUTATEN:

SCHOKO-BISKUIT:
4 Eier (getrennt)
1 Pr. Salz
125 g Zucker
75 g Mehl
45 g Speisestärke
3 TL Backpulver
3 EL Kakaopulver
EIERLIKÖR-CREME:
8 Blatt weiße Gelatine
250 ml Eierlikör
700 ml Sahne
2 P. Bourbon-Vanillezucker
ZUM GARNIEREN:
20 g Schokoraspel
40 g Pistazienblätter
4 Fondant-Eier
3 Marzipanküken

ZUBEREITUNG:

Backofen auf 180 °C vorheizen (Umluft 160 °C). Eine kleine Springform (24cm Ø) mit Backpapier auslegen. Eiweiß **4 Min./Stufe 4** steif schlagen. Eigelb mit Zucker und 2 EL Wasser im Mixtopf **3 Min./Stufe 3** zu einer dickschaumigen Masse verrühren. Eischnee, Mehl, Speisestärke, Backpulver sowie Kakao in den Mixtopf geben und **2 Min./Stufe 2** vermengen. Dabei den Spatel zu Hilfe nehmen. Den Teig in die Springform füllen und glatt streichen. Anschließend ca. 35 Min. backen. Auf ein Kuchengitter stürzen und Backpapier entfernen. Vollständig auskühlen lassen. Gelatine 10 Min. in kaltem Wasser einweichen. Ausdrücken, nach Packungsanleitung auflösen und per Hand zum Eierlikör geben und in den Kühlschrank stellen. Sahne mit Vanillezucker steif schlagen und die Eierlikörmasse hinzufügen, sobald diese zu gelieren beginnt. Biskuit quer durchschneiden. Den unteren Boden mit ca. einem Drittel der Creme bestreichen, den zweiten Biskuitboden darauf setzen. Torte mit der Hälfte der restlichen Creme überziehen. Den Rest in einen Spritzbeutel geben mit großer Sterntülle Tupfen auf die Torte spritzen. Tortenmitte mit Schokoraspeln, den Rand mit Pistazienblättern bestreuen. Die Torte 3 Std. in den Kühlschrank stellen. Kurz vor dem Servieren mit Fondant-Eiern und Marzipanküken verzieren.

Eierlikör-Schokoraspel-Torte

ZUTATEN:

TEIG:
175 g Margarine
175 g Zucker
1 P. Vanillezucker
1 Pr. Salz
3 Eier
175 g Mehl
2 TL Backpulver
150 ml Eierlikör
FÜLLUNG:
800 g Schlagsahne
2 P. Sahnesteif
2 P. Vanillezucker
100 g Schokoladenraspel
50 ml Eierlikör
gehackte Pistazien

ZUBEREITUNG:

Margarine, Zucker, Vanillezucker und Salz in den Mixtopf geben und **1 Min./Stufe 3** cremig rühren. Eier, Mehl, Backpulver und Eierlikör dazugeben und nochmals **3Min./Stufe 3** rühren. Eine Springform (26 cm Ø) fetten. Den Teig in die Springform streichen. Im vorgeheizten Backofen (E-Herd: 175 °C, Umluft: 150 °C, Gas: **Stufe 2**) ca. 30–35 Min. backen. Anschließend ca. 10 Minuten in der Form abkühlen lassen. Aus der Form lösen und vollständig auskühlen lassen. Rühraufsatz einsetzen. 600 g Sahne in den Mixtopf geben und mit Sichtkontakt bis zur gewünschten Festigkeit auf **Stufe 3** steif schlagen. Dabei Sahnesteif und Vanillezucker einrieseln lassen. Die Hälfte der Schokoraspel mit dem Spatel unterheben. Die Kuchenoberfläche dick und den Rand dünn mit der Schokosahne einstreichen. Übrige Schokoraspel an den Tortenrand drücken. Restliche Sahne auf **Stufe 3** steif schlagen und in einen Spritzbeutel mit Sterntülle füllen. Die Sahne dekorativ auf den Tortenrand spritzen. Eierlikör in die Mitte der Torte gießen und glatt streichen. Ca. 3–4 Stunden kalt stellen. Mit gehackten Pistazien bestreuen.

Eierlikörkuchen

ZUTATEN:

7 Eier (getrennt)
150 g Zucker
150 g Butter
1 MB Eierlikör
300 g Mehl
1 P. Backpulver
1 Pr. Salz
200 g Puderzucker
1 EL Eierlikör
Zuckerblümchen

ZUBEREITUNG:

Rühraufsatz einsetzen. Eiweiß in den Mixtopf geben, mit Sichtkontakt **Stufe 4** steif schlagen und umfüllen. Rühraufsatz entfernen. Eigelb und die restlichen Zutaten in den Mixtopf geben und **1 Min./Stufe 3–4** zu einem Teig verarbeiten. Eischnee kurz mit dem Spatel unterheben, dann **30 Sek./Stufe 2** rühren. Backofen auf 180 °C vorheizen. Teig in eine gefettete Kuchenform füllen und ca. 50–60 Min. backen. Puderzucker mit 1 EL Eierlikör verrühren und den erkalteten Kuchen damit einpinseln. Bevor der Guss trocknet, mit Zuckerblümchen verzieren.

Erdbeerrolle

ZUTATEN:

TEIG:
3 Eier
1 Eigelb
5 EL heißes Wasser
120 g Zucker
1 P. Vanillezucker
100 g Mehl
50 g Speisestärke
1 P. Backpulver
FÜLLUNG:
2 Becher Sahne
1 P. Vanillezucker
1 P. Sahnesteif
Erdbeeren nach Geschmack
Puderzucker zum Bestäuben
Zuckerblumen und Marzipanhäschen

ZUBEREITUNG:

Rühraufsatz einsetzen. Eier, Eigelb und Wasser in den Mixtopf geben und **2 Min./Stufe 3** verrühren. Nun Zucker und Vanillezucker **1 Min./Stufe 4** einrieseln lassen. Rühraufsatz entfernen. Mehl und Speisestärke dazugeben und **2 Min./Stufe 4** rühren. Den Teig auf ein mit Backpapier ausgelegtes Blech streichen und im vorgeheizten Backofen auf mittlerer Schiene 12–20 Min. bei 175 °C backen. Biskuit auf ein mit Zucker bestreutes Küchentuch stürzen und mit Backpapier abkühlen lassen. Erst dann Backpapier vorsichtig abziehen. Rühraufsatz wieder einsetzen. Sahne, Vanillezucker und Sahnesteif mit Sichtkontakt auf **Stufe 3** steif schlagen und auf die Biskuitplatte streichen. Erdbeeren waschen, klein schneiden und auf der Sahne verteilen. Biskuit vorsichtig aufrollen. Mit Puderzucker bestäuben und mit kl. Zuckerblumen und Marzipanhäschen verzieren.

Espresso-Likör-Eier

ZUTATEN:

125 ml Schlagsahne
1 EL Espressopulver (Instant)
125 g Butter
100 g Zartbitter-Kuvertüre
2 EL Whisky-Sahne-Likör
25 g Kakaopulver
50 g Vollmilch-Kuvertüre
25 g Schokoladen-Mokkabohnen

ZUBEREITUNG:

Sahne, Espresso und Butter in den Mixtopf geben und **10 Min./70 °C/Stufe 3** kochen. Kuvertüre und Likör zufügen. So lange auf **Stufe 2** rühren lassen, bis alles geschmolzen ist. In eine Schüssel gießen und kalt stellen, bis die Masse stichfest ist. Von der Trüffelmasse mit zwei Esslöffeln Klößchen abstechen. Auf ein mit Backpapier belegtes Tablett geben, kalt stellen. Klößchen in Kakao wälzen, dabei zu Eiern formen. Jeweils einen Tupfen aufgelöste Kuvertüre darauf geben, Mokkabohne darauf setzen. Kühl aufbewahren.

Finnische Zimtrollen

ZUTATEN:

TEIG:
50–75 g Butter
250 ml Milch
500 g Mehl
150 g Zucker
1 Pr. Salz
1 P. Hefe
2 Eier
AUSSERDEM:
etwas Butter
1 Eigelb
Zucker, Zimt, Kardamom, gehackte Mandeln oder Nüsse, Rosinen o. ä.

ZUBEREITUNG:

Butter und Milch in den Mixtopf geben und **5 Min./80 °C/Stufe 2** erwärmen. Restliche Zutaten für den Teig dazugeben und **3 Min./Brotstufe** verrühren. Den Teig ca. 1 Std. gehen lassen. Teig ausrollen und mit Butter bestreichen. Zucker, Zimt, Kardamom, gehackte Mandeln oder Nüsse, Rosinen o. ä. darauf geben. Den Teig zusammenrollen, Stücke davon abschneiden. Diese mit der Schnittfläche nach oben auf ein Backblech legen, mit Eigelb bestreichen und ca. 10 Min. bei 200–220 °C backen.

Frühstückshäschen

ZUTATEN:

TEIG:
500 g Mehl
50 g Butter
1 Ei
250 ml Milch
¼ TL Salz
1 Würfel Hefe
DEKORATION:
1 Eigelb
Zuckerschrift
Sesam

ZUBEREITUNG:

Alle Teigzutaten in den Thermomix geben und **3–4 Min./Stufe 4–6** zu einem geschmeidigen Teig verarbeiten und umfüllen. Teig an einem warmen Ort ca. 20–30 Min. gehen lassen. Nochmals kurz durchkneten und in 10 gleich große Stücke teilen. Aus der Hälfte des Teiges Hasenköpfe formen. Aus den restlichen Teigstücken für jeden Kopf je zwei Osterhasenohren formen. Die Ohren auf ein leicht mit Mehl bestäubtes Backblech legen, die unteren Enden mit Wasser bestreichen, die Köpfe daransetzen und leicht andrücken. Nochmals gehen lassen, bis sich die Hasenköpfe deutlich vergrößert haben. Eigelb mit etwas Wasser mischen und die Häschen damit bestreichen. Nun ca. 20–25 Min. bei 160–180 °C (Umluft) backen. Abkühlen lassen. Mit Zuckerschrift und Sesam verzieren. Die Hasen am besten frisch servieren.

Geblätterter Apfelkuchen

ZUTATEN:

1 Packung Blätterteig
FÜLLUNG:
2 EL Rosinen
1 EL Rum
4 große Äpfel
2 EL Zitronensaft
½ TL Zimt
2 EL Semmelbrösel
1 EL Zucker
1 Pr. Salz
1 EL Öl
2 EL Walnüsse (grob gehackt)
1 Ei zum Bestreichen

ZUBEREITUNG:

Mit dem Blätterteig eine Kastenform auslegen, dabei einen Teil des Blätterteiges für den Deckel aufheben. Rosinen in Rum ca. 1 Std. einweichen. Äpfel entkernen und in groben Stücken in den Mixtopf geben. Zitronensaft und Zimt zugeben und **3 Sek./Stufe 3** zerkleinern. Semmelbrösel, Zucker und Salz mit dem Öl in einer Pfanne anrösten und kurz vor dem Ende die Nüsse hinzufügen. Die Hälfte davon auf dem Teigboden verteilen. Apfelmasse abwechselnd mit den Rosinen in die Form legen, die restliche Bröselmasse darüber streuen und mit dem restlichen Blätterteig abdecken. Mit verquirltem Ei bestreichen und mit Zucker bestreuen. Einige Löcher in den Kuchen machen, damit Dampf entweichen kann. Ca. 45 Min. bei 175 °C im vorgeheizten Backofen backen.

Geflammter Apfelkuchen

ZUTATEN:

TEIG:
300 g Mehl
1 Würfel Hefe
1 TL Zucker
1 Pr. Salz
100 ml lauwarme Milch
BELAG:
400 g Crème fraîche
30 g Zucker
2 TL Vanillezucker
AUSSERDEM:
2 große Äpfel
Zimt und Zucker
ZUM TRÄNKEN:
1–2 EL Cointreau
(wahlweise Cognac)

ZUBEREITUNG:

Alle Zutaten für den Teig in den Mixtopf geben, **3 Minuten/Brotstufe** kneten, umfüllen und zugedeckt ca. 1 Stunde gehen lassen. Teig mit etwas Mehl in der Größe eines Backbleches ausrollen. Das Backblech einfetten, mit etwas Mehl bestäuben und mit dem ausgerollten Teig belegen. Belagzutaten in den Mixtopf geben, **15 Sek./Stufe 3–4** verrühren und den Teig damit bestreichen. Nun die Äpfel schälen und entkernen, in dünne Spalten schneiden und auf die Creme legen. Mit etwas Zimtzucker bestreuen. Im vorgeheizten Backofen ca. 15–20 Min. bei 230 °C backen. Den noch sehr heißen Kuchen mit Cointreau oder Cognac beträufeln und sofort mit einem Streichholz anzünden (flambieren).

Anmerkung: Herzhafte Variante: Die Crème fraîche nicht zuckern, sondern pur verstreichen, mit Zwiebelringen und Speck belegen und backen.

Glasiertes Marzipanei

ZUTATEN:

200 g Sahne
200 g Halbbitter-Kuvertüre
100 g gemahlene Mandeln
1 EL Weinbrand
10 g Kakaopulver
500 g Marzipan-Rohmasse
1 P. Kuchenglasur (Haselnuss)
1 P. Kuchenglasur (dunkle Schokolade)

ZUBEREITUNG:

Sahne in den Mixtopf geben und **10 Min./70 °C/Stufe 3** und die klein geschnittene Kuvertüre durch die Deckelöffnung fallen lassen und darin auflösen. Den Topf mit Frischhaltefolie abdecken und über Nacht im Kühlschrank durchkühlen lassen. Dann die Creme gut aufschlagen. Mandeln, Weinbrand und Kakao **1 Min./Stufe 3** unterrühren. Ein halbes, hohes Papp- oder Metall-Ei (Länge ca. 15 cm) mit einer Lage Frischhaltefolie auslegen. Die Marzipan-Rohmasse zwischen zwei Bögen Backtrennpapier (beschichtete Seite nach innen) ca. 4–5 mm dick ausrollen. Das Ei damit auslegen und die Ränder ca. 1 cm überlappen lassen. Mit der Schokocreme bestreichen, eine weitere Lage Marzipan darauf geben. Wiederholen, bis das Ei gefüllt ist, dabei mit Marzipan enden. Die überlappenden Marzipanränder zur Mitte schlagen, festdrücken, das Ei kühl stellen, am besten über Nacht. Die Glasuren nach Packungsanleitung erwärmen. Das Ei aus der Form auf ein Kuchengitter stürzen und die Folie abziehen. Nacheinander mit beiden Glasuren überziehen, mit einem Teelöffelrücken die noch feuchte Oberfläche leicht durchziehen. Dadurch entsteht eine Marmorierung. Im Kühlschrank die Glasur fest werden lassen. Bis zum Servieren im Kühlschrank aufbewahren. In dünne Scheiben schneiden und mit gehackten Pistazien bestreuen.

Golden-Delicious-Torte

ZUTATEN:

200 g Butter
180 g Zucker
1 Ei
400 g Mehl
1 P. Backpulver
Semmelbrösel
6–7 Äpfel (Golden Delicious)
Zimt nach Geschmack

ZUBEREITUNG:

Butter mit dem Zucker in den Mixtopf geben und **2 Min./Stufe 3** schaumig schlagen. Ei zugeben und **30 Sek./Stufe 2** untermischen. Mehl und Backpulver zufügen und **2 Min./Brotstufe** krümelig verkneten. Eine Springform fetten und mit Semmelbröseln ausstreuen. Boden und Seitenwände der Form mit der Teigmasse bestreichen. Äpfel in kleine Würfel schneiden und mit dem Zimt mischen (auf Wunsch im Mixtopf auf **Stufe 8** zerkleinern). Den Teigboden damit bedecken. Nun ca. 25–30 Min. bei 180–200 °C (O/U) backen.

Anmerkung: Am besten schmeckt die Torte lauwarm mit einem Klacks Sahne.

Grüne Früchte-Eier

ZUTATEN:

100 g getrocknete Bananenscheiben
100 g grüne Kürbiskerne
60 g Mandeln
250 g gemischte Trockenfrüchte (z. B. Rosinen, Aprikosen, Datteln, Pflaumen – alles ungeschwefelt)
Saft einer Zitrone
1 EL Akazienhonig
Kokosflocken oder geriebene Mandeln

ZUBEREITUNG:

Bananenscheiben, Kürbiskerne und Mandeln im Mixtopf **20 Sek./Stufe 10** fein mahlen. Trockenfrüchte (ohne Kerne), Zitronensaft und Honig zugeben und alles **10 Sek./Stufe 5** vermischen. Aus dieser Masse Kugeln drehen, diese etwas länglich zu Eiern formen und in Kokosflocken oder geriebenen Mandeln wälzen. Trocknen lassen.

Halbe Schoko-Eier

ZUTATEN:

Creme weiß
350 g Milch
60 g Zucker
1 P. Vanillepudding
250 g Quark
8 Ü-Eier
1 Dose Aprikosen

ZUBEREITUNG:

Rühraufsatz einsetzen. Milch, Zucker und Puddingpulver in den Mixtopf geben und **6 Min./90 °C/Stufe 2** aufkochen. Dann alles noch mal **10 Min./Stufe 1** ohne MB und ohne Temperatur rühren und dabei abkühlen lassen. Den Quark zum Pudding geben und **10 Sek./Stufe 2** unterrühren. Ü-Eier vorsichtig teilen. Masse vollständig erkalten lassen und in einen Gefrierbeutel füllen. Eine kleine Ecke abschneiden und die Masse in die halbierte Ü-Eier einspritzen. Nun mit einem Schnapsglas „Eigelbe" aus den Aprikosen ausstechen und auf die Creme legen.

Hasenbrötchen

ZUTATEN:

TEIG:
250 g Mehl
1 P. Backpulver
2 EL gemahlene Mandeln
1 TL Salz
125 g Magerquark
1 Ei
4 EL Milch
4 EL Öl
ZUM GARNIEREN:
Korinthen
Mandeln (abgezogen und halbiert)
1 Eigelb
1 EL Milch

ZUBEREITUNG:

Alle Teigzutaten in den Mixtopf geben und **3 Min./Stufe 3–4** verkneten. Kleine Kugeln formen, etwas Teig beiseite stellen. Die Kugeln (Köpfe) auf ein mit Backpapier bedecktes Backblech legen. Aus dem restlichen Teig kleine Hasenohren formen und an die Köpfe setzen. Mandelhälften darauf drücken. Korinthen für die Augen einsetzen. Eigelb mit Milch verrühren und die Hasen damit bepinseln. Im vorgeheizten Backofen etwa 15 Min. backen bei 200 °C backen.

Hefe-Quark-Zopf

ERGIBT 20 STÜCK

ZUTATEN:

40 g Margarine
150 ml Milch
200 g Weizenvollkornmehl
150 g Weizenmehl
50 g Zucker
1 TL Zitronenschale
1 P. Trockenhefe
250 g Magerquark
50 g Sultaninen

ZUBEREITUNG:

Margarine in lauwarmer Milch **1 Min./37 °C/Stufe 2** zerlassen. Beide Sorten Mehl mit Zucker, Zitronenschale, Trockenhefe und dem Quark **3 Min./Stufe 4** zu einem geschmeidigen Teig kneten. Im Topf bis zur doppelten Größe gehen lassen. Danach die Sultaninen zugeben und auf **Stufe 2** unterrühren. Den Teig erneut auf **Stufe 3** durchkneten. Aus dem Teig drei 30 cm lange Rollen formen und einen Zopf daraus flechten. Auf einem mit Backpapier ausgelegten Backblech nochmals 20 Min. gehen lassen. Anschließend bei ca. 170 °C (Gas: **Stufe 2**) ca. 30 Min. backen.

Anmerkung: Für einen schönen gelben Zopf nehmen Sie nur eine Sorte Mehl, 350 g Mehl Type 405, und zum Färben ein Döschen Safranpulver.

Johannisbeerkuchen

ZUTATEN:

QUARK-ÖL-TEIG:
150 g Magerquark
6 EL Milch
6 EL Öl
80 g Zucker
1 P. Vanillezucker
1 Pr. Salz
300 g Mehl
1 P. Backpulver

BELAG:
700 g Johannisbeeren
750 g Quark
200 g Zucker
1 Vanillezucker
3 Eier
2 Eigelb
50 g zerlassene Butter
3 EL Speisestärke

GUSS:
2 Eiweiß
100 g Zucker
150 g gemahlene Mandeln

ZUBEREITUNG:

Teigzutaten in den Mixtopf geben und mit Hilfe des Spatels **3 Min./Stufe 3–4** zu einem Teig verkneten. Aus dem Mixtopf nehmen, verkneten und auf ein mit Backpapier ausgelegtes Backblech geben. Johannisbeeren waschen und vorsichtig von den Rispen streifen. Rühraufsatz einsetzen. Eiweiß und Zucker mit Sichtkontakt für den Guss auf **Stufe 3,5** steif schlagen und umfüllen. Rühraufsatz entfernen. Zutaten für den Belag mit Ausnahme der Beeren in den Mixtopf geben und **2 Min./Stufe 4–3** verrühren. Nun die Beeren dazugeben und **1 Min./LL/Stufe 2** (TM 21 mit Spatel) unterheben. Auf den Teig geben und 30–40 Min. bei 180 °C backen. Dann das steif geschlagene Eiweiß darüber streichen, Mandeln darauf streuen und bei 200 °C weitere 5–10 Min. backen.

Kaffee-Haselnuss-Kuchen

ZUTATEN:

7 Eiweiß
150 g Haselnüsse
250 g Butter
400 g Zucker
1 TL Zimt
1 EL Kakao
½ Tasse starker gekochter Kaffee
250 g Mehl
1 P. Backpulver
GUSS:
1 P. Kuvertüre

ZUBEREITUNG:

Eiweiß im Mixtopf **20 Sek./Stufe 7** steif schlagen und umfüllen. Haselnüsse in den Mixtopf geben und ca. **5 Sek./Stufe 10 (Turbo)** fein mahlen. Anschließend alle anderen Zutaten dazugeben und ca. **2 Min./Stufe 4** mischen. Eiweiß nun mit dem Spatel unter die Masse heben. Backofen auf 180 °C vorheizen und den Kuchen ca. 45–50 Min. backen. Kuvertüre in den Mixtopf geben, **1 Min./37 °C/Stufe 2** erwärmen und den Kuchen damit überziehen.

Karamell-Palmbrezel

ERGIBT 2 GROSSE UND 5 KLEINE BREZEL

ZUTATEN:

1 Würfel Hefe
50 g Zucker
200 ml lauwarme Milch
500 g Mehl
½ TL Salz
1 P. Vanillezucker
100 weiche Butter
50 g Karamellsirup
2 Eier
ZUM GARNIEREN:
Puderzucker
Belegkirschen

ZUBEREITUNG:

Hefe, Zucker und 150 ml Milch in den Mixtopf geben und **30 Sek./37 °C/Stufe 2** erwärmen. Nun Mehl, Salz, Vanillezucker, Butter, Sirup und Eier hinzufügen und **3 Min./Brotstufe** verarbeiten. Anschließend 30 Min. gehen lassen. 2 Backbleche mit Backpapier auslegen. Teig aus dem Mixtopf nehmen und mit den Händen nochmals durchkneten. Den Teig in 2 größere und 5 kleinere Portionen teilen. Von den beiden größeren Portionen jeweils ca. 50 g Teig abnehmen und daraus 2 kleine Zöpfe flechten. Alle übrigen Teigportionen erst zu Rollen, dann zu Brezeln formen. Brezeln und Zöpfe mit der restlichen Milch bestreichen. Zöpfe auf die großen Brezeln legen, andrücken. Brezeln auf die Bleche verteilen, zugedeckt nochmals ca. 10 Min. gehen lassen. Backofen auf 180 °C (Umluft 160 °C) vorheizen. Kleine Brezel ca. 18 Min., große ca. 25 Min. backen. Abkühlen lassen und dann mit Puderzucker und Belegkirschen verzieren.

Käsekuchen mit Apfelstückchen

ZUTATEN:

TEIG:
125 g Magerquark
3 EL Milch
1 Eigelb
50 ml Öl
50 g Zucker
200 g Mehl
1 P. Backpulver

BELAG:
5 mittelgroße Äpfel
Zimtzucker
Zitronensaft

FÜLLUNG:
300 g Magerquark
150 g Magermilchjogurt
3 Eier
80 g Zucker
1 P. Vanillepuddingpulver

ZUBEREITUNG:

Die Teigzutaten in den Mixtopf geben, **2,5 Min./Brotstufe** kneten und umfüllen. Den Teig in eine gefettete Springform geben, dabei den Rand etwas hochziehen. Nun Äpfel schälen, in Würfel schneiden, mit etwas Zimtzucker bestreuen und anschließend auf dem Teig verteilen. Mit Zitronensaft beträufeln. Nun die Zutaten für die Füllung in den Mixtopf geben, **40 Sek./Stufe 3** verrühren und über die Quarkmasse geben. Bei 180 °C ca. 45–50 Min. backen.

Käsekuchen mit Mandarinenstückchen

ZUTATEN:

TEIG:
80 g Butter
80 g Zucker
1 Ei
1 P. Vanillezucker
200 g Mehl
1 P. Backpulver

BELAG:
500 g Frischkäse
1 P. Vanillepudding
¼ l Milch
100 g Zucker
4 EL Speiseöl
2 Dosen Mandarinen

GUSS:
1 P. Tortenguss
¼ l Mandarinensaft

ZUBEREITUNG:

Alle Teigzutaten in den Mixtopf geben und bei **15 Sek./Stufe 7** einen Mürbeteig herstellen. Den Teig in eine Tortenform füllen, am Boden festdrücken und einen Teil am Rand. Alle Zutaten für den Belag in den Mixtopf geben und **10 Sek./Stufe 3** mixen. Die Käsemasse auf den Mürbeteig geben. Mandarinen abtropfen lassen, den Saft auffangen. Mandarinen auf der Käsemasse verteilen. Anschließend ca. 60–70 Min. bei 180–200 °C backen. Mandarinensaft und Tortenguss in den Mixtopf geben, **3 Min./90 °C/Stufe 1** aufkochen und den erkalteten Kuchen damit überziehen.

Kirsch-Käsekuchen

ZUTATEN:

TEIG:
250 g Mehl
1 P. Backpulver
125 g Butter
165 g Zucker
1 Ei
FÜLLUNG:
2 Gläser Sauerkirschen (á 720 ml)
70 g Speisestärke
150 g Zucker
3 EL Mandeln (gemahlen)
50 g zerlassene Butter
500 g Magerquark
1 P. Vanillezucker
1 EL Zitronensaft
2 Eier
1 Eigelb
ZUM GARNIEREN:
3 EL Aprikosenkonfitüre
3 EL geröstete Mandelblättchen

ZUBEREITUNG:

Alle Teigzutaten in den Thermomix geben und **3 Min./Stufe 3–4** zu einem Teig verkneten. In Folie wickeln und ca. 30 Min. kalt stellen. Kirschen abtropfen lassen, Saft auffangen. 50 g Speisestärke mit 3 EL Kirschsaft anrühren, restlichen Saft mit 30 g Zucker **2 Min./90 °C/Stufe 2** aufkochen. Nun kurz die Mischung durch die Deckelöffnung geben und ohne Temperatur **1 Min./Stufe 2** weiterrühren. Die Kirschen **4 Sek./LL/Stufe 2** unterheben. Teig ausrollen und in eine gefettete Springform (26 cm Ø) legen. Mandeln und Kirschmasse darauf geben. Backofen auf 175 °C (Umluft 155 °C) vorheizen. Butter, Quark, den restlichen Zucker, Vanillezucker, Zitronensaft, Eier und die restliche Speisestärke ca. **30 Sek./Stufe 3** verrühren. Quarkmasse auf die Kirschfüllung verteilen. Nun ca. 50 Min. backen. Eigelb mit 1 EL Wasser verquirlen, auf den Kuchen streichen, weitere 10 Min. backen. Aus der Form lösen, abkühlen lassen. Kuchenrand mit Konfitüre bestreichen, Mandelblättchen andrücken.

Anmerkung: Evtl. mit Belegkirschen, Puderzucker und Minze garnieren.

Kokos-Eier mit Nuss gefüllt (nach Raffa)

ZUTATEN:

200 ml Wasser
400 Zucker
250 g Butter
100 g Milchpulver
2 x 200 g Kokosraspel
250 g Butter
200 g Haselnusskerne

ZUBEREITUNG:

Rühraufsatz einsetzen. Das Wasser und den Zucker in den Mixtopf geben und **2 Min./60 °C/Stufe 3** verrühren. Die Temperatur auf Null stellen, die Butter in Stücken dazugeben und auf **Stufe 3** weiterrühren. Dann das Milchpulver dazugeben, alles gut auf **Stufe 3–4** verrühren. Rühraufsatz entfernen und mit Hilfe des Spatels 200 g Kokosraspel auf **Stufe 3** unterrühren. Diese Masse abkühlen lassen und 24 Stunden in den Kühlschrank stellen. Am nächsten Tag den Teig mit 2 Kaffeelöffeln zu kleinen Eiern formen, je eine Haselnuss hineindrücken und die Kugeln in den restlichen 200 g Kokosraspel wälzen. Danach wieder in den Kühlschrank stellen und nach ca. 2 Stunden verzehren.

Kokos-Küken

12 STÜCK

ZUTATEN:

TEIG:
1 Würfel Hefe
250 ml Milch
80 g Zucker
1 Pr. Salz
500 g Mehl
1 EL abgeriebene Orangenschale
80 g weiche Butter
1 Ei
ZUM GARNIEREN:
1 Eigelb
30 g Marzipanrohmasse
rote und gelbe Lebensmittelfarbe
100 g Kokosraspel
100 g Aprikosenkonfitüre
24 Sultaninen

ZUBEREITUNG:

Hefe, Milch und Zucker in den Thermomix geben und **2 Min./37 °C/Stufe 2** erwärmen. Nun die restlichen Zutaten für den Teig hinzufügen und **3 Min./Brotstufe** verkneten. Im Mixtopf ca. 30 Min. gehen lassen. Backofen auf 180 °C (160 °C Umluft) vorheizen. Aus dem Teig je 12 Körper und Köpfe formen. Die Körper auf ein mit Backpapier ausgelegtes Blech setzen. Eigelb mit 1 TL Wasser verquirlen und den Teig damit bestreichen. Köpfe aufkleben. Küken weitere ca. 10 Min. gehen lassen. Dann ca. 20 Min. goldgelb backen. Marzipan kurz verkneten und rot einfärben. Schnäbel und Kämme für die Küken daraus formen. Kokosraspel gelb einfärben. Konfitüre in der Mikrowelle erwärmen und durch ein Sieb streichen. Küken damit bestreichen und mit den Kokosraspeln bestreuen. Anschließend mit Marzipanschnäbeln und Kämmen sowie den Sultaninen als Augen dekorieren. Die Konfitüre trocknen lassen.

Kokoseier

ZUTATEN:

120 g Butter
100 g Honig
100 g Kokosflocken
1 Fl. Vanillearoma
2 EL Trinkschokolade
2 EL Rum
AUSSERDEM:
100 g Kokosflocken zum Wälzen

ZUBEREITUNG:

Butter im Mixtopf **3 Min./37 °C/Stufe 3** schmelzen. Die restlichen Zutaten zufügen und **2,5 Min./Brotstufe** verrühren. Im Kühlschrank auskühlen lassen und anschließend kleine Eier formen. Diese dann in Kokosflocken wälzen. Im Kühlschrank aufbewahren.

Kokoskuchen mit Rumkugeleiern

ZUTATEN:

(Als Bechermaß nehmen Sie einen leeren 250-g-Becher)
3 Eier
1 Becher Zucker
½ Becher Öl
1 Becher Saure Sahne
1 Becher Mehl
1 Becher Trinkschokolade
1 Becher Kokosflocken
1 P. Backpulver
65 ml Rum
Puderzucker
2 TL Milch
1 TL Kakaopulver
Zum Garnieren:
Rumkugeleier

ZUBEREITUNG:

Eier, Zucker und Öl in den Mixtopf geben und **2 Min./Stufe 3** schaumig rühren. Saure Sahne, Mehl, Trinkschokolade, Kokosflocken und Backpulver **3 Min./Stufe 3–4** unter die Masse rühren. Teig in eine gefettete und bemehlte Kastenform füllen und im vorgeheizten Ofen ca. 50 Min. bei 190 °C backen. Rum über den noch heißen Kuchen gießen und ein paar Minuten ziehen lassen. Mit Rumkugeleiern verzieren.

Kokosriegel-Bällchen

CA. 60–70 STÜCK

ZUTATEN:

TEIG:
300 g Mehl
10 g Kakao
200 g Butter
100 g Zucker
1 Eigelb
1 Pr. Salz
FÜLLUNG:
2 Tüten Kokosriegel-Miniaturen
ZUM GARNIEREN:
300 g Halbbitter-Kuvertüre
Kokosstreusel

ZUBEREITUNG:

Alle Zutaten für den Teig in den Mixtopf geben und **2,5 Min./Brotstufe** zu einem Teig kneten. Ca. 30 Min. in den Kühlschrank stellen. Kokosriegel halbieren. Jeweils vom Teig einen gehäuften TL (ca. 10 g) abnehmen, etwas flach drücken und die eine Hälfte eines Kokosriegels darauf geben. Teig darüber schlagen und eine Kugel formen. Bällchen bei ca. 180 °C ca. 10–15 Min. backen. Nach dem Abkühlen in geschmolzene Kuvertüre tauchen und abtropfen lassen. In Kokosstreuseln wälzen.

Mandarinen-Pudding-Blechkuchen

ZUTATEN:

MÜRBETEIG:
75 g Butter
150 g Mehl
75 g Zucker
1 TL Backpulver
1 Ei
FÜLLUNG:
½ l Milch
2 P. Vanillepudding
200 g Zucker
3 Becher Schmand
2 Dosen Mandarinen (1/4 Saft auffangen)
1 P. Tortenguss (klar)

ZUBEREITUNG:

Alle Teigzutaten in den Mixtopf geben und mit Hilfe des Spatels ca. **30 Sek./Stufe 6** zu einem Mürbeteig verarbeiten. Ca. 30 Minuten kühl stellen, anschließend in eine gefettete Springform (26 cm Ø) drücken und einen Rand hochziehen. Den Mixtopf ausspülen. Für den Vanillepudding Milch, Puddingpulver und Zucker in den Mixtopf geben und **8 Min./100 °C/Stufe 2** kochen. Dann den Schmand **30 Sek./Stufe 5** unterrühren und die Masse auf den Teig geben. Mandarinen auf dem Kuchen verteilen. Bei 175 °C etwa 60–75 Min. backen. Darauf achten, dass der Kuchen nicht zu dunkel wird. Nach der Hälfte der Backzeit mit Alufolie abdecken. Nach dem Backen den Kuchen etwas abkühlen lassen. Mit dem aufgefangenen Saft einen Tortenguss herstellen und den Kuchen damit überziehen.

Mandel-Sahne-Torte mit Amarettoboden

ZUTATEN:

CREME:
4 Eier (getrennt)
150 g Butter
150 g Puderzucker
150 g geriebene Mandeln
1/8 Liter Sahne
BODEN:
2 P. Löffelbiskuit
¼ Liter Milch
1/8 Liter Amaretto
ZUM GARNIEREN:
1/8 l Sahne
Schokoraspel
Marzipaneier

ZUBEREITUNG:

Rühraufsatz einsetzen. Eiweiß in den Mixtopf geben, mit Sichtkontakt **Stufe 4** steif schlagen und umfüllen. Rühraufsatz entfernen. Milch und Amaretto in den Mixtopf geben, **10 Sek./Stufe 3** mixen und ebenfalls umfüllen. Nun restliche Cremezutaten in den Mixtopf füllen und **1 Min./Stufe 3** rühren. Eischnee mit dem Spatel unterheben. Eine Springform mit Löffelbiskuits auslegen und mit dem Amaretto-Milch-Gemisch übergießen. Nun eine Schicht Creme darauf streichen. Dann wieder Löffelbiskuits darauf legen usw. Für einige Stunden in den Kühlschrank stellen und vor dem Servieren noch mit Sahne, Schokoraspeln und Marzipaneiern verzieren.

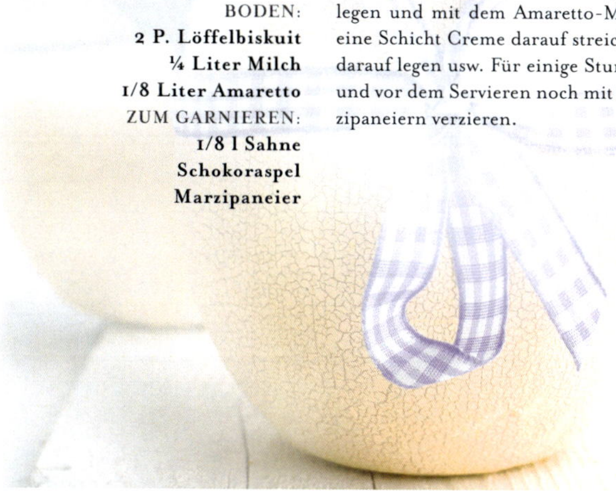

Mandelkuchen mit Eierlikör

16 PORTIONEN

ZUTATEN:

100 g Butter
75 g Zucker
3 Eier
120 ml Eierlikör
150 g im TM gemahlene Mandeln
100 g Weizenvollkornmehl
2 TL Backpulver
1 Pr. Salz
das Mark einer Vanilleschote
50 g Mandeln (gehobelt)

ZUBEREITUNG:

Butter und Zucker in den Mixtopf geben und **30 Sek./Stufe 4** schaumig rühren. Eier, Eierlikör und Mandeln zufügen. Mehl mit Backpulver, Salz und dem Vanillemark mischen und ebenfalls hinzufügen. Alles **2 Min./Stufe 3–4** zu einem geschmeidigen Teig verarbeiten. Den Teig in eine gefettete Springform füllen und mit den gehobelten Mandeln bestreuen. Im vorgeheizten Backofen ca. 30 Minuten bei 180 °C backen. Vorsichtig aus der Form nehmen und abkühlen lassen.

Mandelschnecken

ZUTATEN:

TEIG:
250 ml fettarme Milch
1 Würfel Hefe
50 g Butter
550 g Mehl (Type 405)
50 g Zucker
1 Pr. Salz
FÜLLUNG:
200 g Mandeln
1 Pr. Zimt
½ TL Zucker
½ Becher Sahne
ZUM GARNIEREN:
Puderzucker

ZUBEREITUNG:

Milch, Hefe und Butter in den Mixtopf geben und **2 Min./50 °C/Stufe 2** erwärmen. Alle anderen Teigzutaten hinzufügen und **30 Sek./Stufe 4** verrühren. Nun nochmals ca. **2 Min./Brotstufe** zu einem glatten Teig verrühren. Ca. 30 Min. gehen lassen. Auf eine bemehlte Arbeitsfläche zu einem Rechteck ausrollen. Die Zutaten für die Füllung im Mixtopf kurz auf **Stufe 3** verrühren, auf den Teig streichen und diesen dann zu einer Rolle formen. Von der Rolle ca. 2 cm dicke Stücke abschneiden. Auf ein Backblech geben und nochmals 15 Min. gehen lassen. Im vorgeheizten Backofen bei 180 °C (Umluft 160 °C) ca. 30 Min. backen. Entweder mit Puderzucker bestäuben oder mit Zuckerguss bestreichen.

Marzipanmöhrchen selbst gemacht

ZUTATEN:

100 g Marzipanrohmasse
25 g Puderzucker
rote, gelbe und grüne Speisefarbe

ZUBEREITUNG:

Marzipanrohmasse grob zerkleinert in den Mixtopf geben und mit Puderzucker **3 Min./Brotstufe** verkneten. Etwa 20 g davon beiseitelegen. Den Rest der Masse mit roter und gelber Speisefarbe im Mixtopf **20 Sek./Stufe 4** orange einfärben. Marzipan zu einem Strang ausrollen und in 4 cm lange Stücke teilen. Je ein Ende rund formen und das andere spitz zulaufen lassen. Mit dem Messer Kerben einritzen. Restliches Marzipan in eine Schüssel geben und mit einer Gabel mit grüner und gelber Speisefarbe hellgrün einfärben. Zu Möhrenkraut formen und an die runden Enden der Möhre setzen.

Mascarpone-Charlotte mit Aprikosen

ZUTATEN:

4 Eier
1 Pr. Salz
150 g Zucker
150 g Mehl
1 TL Backpulver
200 g glatt gerührte Aprikosenmarmelade
6 Blatt Gelatine
1 Dose Aprikosen (850 ml)
150 g Naturjoghurt
100 ml Eierlikör
75 g Zucker
500 g Mascarpone
100 ml Sahne

ZUBEREITUNG:

Eier mit Salz, 75 g Zucker, Mehl und Backpulver in den Mixtopf geben und **3 Min./Stufe 3** zu einem Teig verarbeiten. Teig auf ein mit Backpapier ausgelegtes Backblech streichen und 15–20 Min. bei 180 °C (O/U) hellgelb backen. Biskuit herausnehmen, sofort auf ein mit Zucker betreutes Küchentuch stürzen und Backpapier abziehen. Biskuitplatte mit Marmelade bestreichen und mit Hilfe des Tuchs von der Längsseite her aufrollen. Auskühlen lassen. Biskuitrolle in 1 cm dicke Scheiben schneiden. Tortenring (26 cm Ø) auf eine Kuchenplatte stellen und den Boden sowie den Rand mit den Biskuitscheiben auslegen. Gelatine in Wasser einweichen. Aprikosen abtropfen lassen, Saft dabei auffangen. 6 Aprikosen in Spalten teilen, Rest würfeln. Joghurt mit Eierlikör, Zucker, 180 ml Saft im Mixtopf **20 Sek./Stufe 2** verrühren. Gelatine auflösen, mit der Mascarpone in den Mixtopf geben und nochmals **30 Sek./Stufe 3** rühren. Nun noch kurz die Aprikosenwürfel unterheben. Dabei den Spatel zu Hilfe nehmen. Creme in den Tortenring füllen. Alles mind. 4 Std. in den Kühlschrank stellen. Tortenring entfernen, Sahne steif schlagen und die Torte mit Sahnetuffs und Aprikosenspalten garnieren.

Meister Lampe und Lämmchen

ZUTATEN:

TEIG:
5 Eier
175 g Zucker
1 P. Vanillezucker
1 Pr. Salz
1 Beutel Biskuit-Backhilfe (25 g)
1 EL gemahlene Mandeln
125 g Mehl
75 g Speisestärke
1 TL Backpulver
ZUM GARNIEREN:
1 EL Puderzucker
4 Rosinen

ZUBEREITUNG:

Den Backofen auf 180 °C (160 °C Umluft) vorheizen. Alle Zutaten für den Teig bis auf Mehl, Speisestärke und Backpulver mit 5 EL Wasser in den Thermomix geben und **5 Min./Stufe 3** aufschlagen. Nun die restlichen Teigzutaten zugeben und weitere **30 Sek./Stufe 3** mischen, bis ein geschmeidiger Teig entsteht. Eine Häschen- und eine Lämmchenform gründlich fetten und mit Mehl bestäuben. Den Teig einfüllen und ca. 30 Min. backen. In der Form leicht abkühlen und dann herauslösen und auf einem Kuchengitter auskühlen lassen. Dann mit Puderzucker bestäuben und mit den Rosinen Augen eindrücken.

Anmerkung: Hübsch sieht es aus, wenn man dem Häschen und dem Lämmchen eine kleine Kordel oder Schleife als Halsband umlegt.

Möhren-Gugler

ZUTATEN:

4 Eier
200 g gemischte Nüsse
200 g Möhren
200 g Puderzucker (im TM hergestellt oder gekauft)
1 P. Vanillezucker
1 EL Rum
1 TL Zimt
1 MSP Nelken (gemahlen)
100 g Mehl
1 P. Backpulver
Saft und Schale von ½ Zitrone

ZUBEREITUNG:

Eier trennen. Eiweiß in den Mixtopf geben **4 Min./Stufe 4** steif schlagen. Umfüllen. Nüsse in den Mixtopf geben und **20 Sek./Stufe 10** mahlen. Umfüllen. Möhren im Mixtopf **10 Sek./Stufe 4** zerkleinern. Umfüllen. Puderzucker, Vanillezucker, Rum, Zimt, Nelkenpulver und Eigelb in den Mixtopf geben und **5 Min./Stufe 4** schaumig rühren. Mehl, Backpulver und Nüsse vermengen und mit dem Zitronensaft und den Möhren **20 Sek./Stufe 4** mischen. Zuletzt den Eischnee mit dem Spatel unterheben. In eine gebutterte, bemehlte Gugelhupfform geben und auf mittlerer Schiene 50 Min. bei 180 °C backen.

Möhren-Orangen-Muffins

12 STÜCK

ZUTATEN:

200 g Möhren
1 Ei
100 ml Distelöl
Saft einer Orange
300 ml Buttermilch
300 g Mehl
2 TL Backpulver
1 P. abgeriebene Orangenschale
100 g gemahlene Mandeln
100 g Zucker
500 g Puderzucker (gekauft oder im TM hergestellt)
1 P. Marzipanmöhren
12 Papierförmchen für das Muffinblech

ZUBEREITUNG:

Möhren im Mixtopf **30 Sek./Stufe 10** zerkleinern. Nun Ei, Öl, Buttermilch, sowie den O-Saft (bis auf 2 EL für den Guss) zufügen und **30 Sek./Stufe 3** verrühren. Nun noch Mehl, Backpulver, Orangenschale, Mandeln und Zucker hinzufügen und alles **2 Min./Stufe 3** zu einem Teig verarbeiten. Backofen auf 180 °C vorheizen (Umluft 160 °C). Die Papierförmchen in die Mulden eines Muffinblechs setzen (falls keines vorhanden ist einfach doppelte Papierförmchen nehmen). Teig gleichmäßig in die Förmchen verteilen und 25–30 Min. goldgelb backen. Aus dem Backofen nehmen und abkühlen lassen. Puderzucker durchsieben und mit dem übrigen O-Saft zu einem dünnflüssigen Guss verrühren. Muffins damit bepinseln und mit je 1 Marzipanmöhre verzieren.

Nordischer Aprikosenkuchen

ZUTATEN:

150 g getrocknete Aprikosen
150 g Rosinen
½ MB Korn
TEIG:
250 g Butter
150 g Zucker
6 Eier
400 g Mehl
1 P. Backpulver
1 Pr. Salz
GUSS:
200 g Zucker
½ MB Korn

ZUBEREITUNG:

Aprikosen im Mixtopf **4 Sek./Turbo** zerkleinern, mit den Rosinen in eine Schüssel füllen und mit dem Korn übergießen. 1–2 Stunden ziehen lassen. Teig: Butter, Zucker und die Eier in den Mixtopf geben und **50 Sek./Stufe 5** mischen. Mehl, Backpulver und Salz dazugeben und **15 Sek./Stufe 5** mixen. Durchgezogene Aprikosen und Rosinen hinzufügen und auf **Stufe 8** mit Spatel unterheben. Teig in eine gefettete Napfkuchenform füllen, ca. 55–60 Min./180 °C backen. Guss: Zucker in den Mixtopf geben auf Stufe 10 oder Turbo zu Puderzucker verarbeiten. Korn dazugeben und über dem Kuchen verteilen.

Anmerkung: Wenn Kinder mitessen, kann man den Korn durch Multivitaminsaft ersetzen.

Nougat-Eier

ZUTATEN:

100 g Blockschokolade
200 g Marzipanrohmasse
200 g Nougat
¼ MB Rum (ersatzweise Milch)
ZUM GARNIEREN:
Kokosraspel, Schokostreusel oder gemahlene Mandeln

ZUBEREITUNG:

Schokolade in den Mixtopf geben und **6 Sek./Stufe 7** zerkleinern. Marzipan und Nougat in kleine Stück schneiden und mit dem Rum (ersatzweise Milch, wenn Kinder mitessen) **30 Sek./Stufe 4** gut verrühren. Die Masse in den Kühlschrank stellen. Eier formen und diese dann in Kokosraspeln, Schokostreuseln oder gemahlenen Mandeln wälzen. Im Kühlschrank aufbewahren.

Orangen-Möhrchen-Rolle

ZUTATEN:

TEIG:
5 Eier
130 g Zucker
70 g flüssige Butter
90 g Mehl
40 g Speisestärke
FÜLLUNG:
1 Glas Gemüse (Babynahrung Frühkarotten oder 200-g-Dose Möhrchen, extra fein)
300 g Marmelade (Orange oder Aprikose)
2 EL Orangenlikör
ZUM GARNIEREN:
einige Marzipan-Rübchen

ZUBEREITUNG:

Eier und Zucker im Mixtopf **1 Min./Stufe 3** schaumig rühren. Butter, gesiebtes Mehl und Speisestärke dazugeben und **3 Min./Stufe 4** vermengen. Ein Backblech mit Backpapier auslegen und die fertige Masse zügig und gleichmäßig aufstreichen. Den Teig im auf 220 °C (O/U) vorgeheizten Ofen ca. 10–12 Minuten backen (Umluft: 190 °C). Während des Backens die Füllung zubereiten. Dafür die Zutaten für die Füllung in den Mixtopf geben und **30 Sek./Stufe 2** vermischen. Den fertigen Biskuit sofort auf ein mit Zucker bestreutes Geschirrtuch stürzen und mit der Füllung bestreichen, rasch aufrollen, damit der Teig nicht bricht. Nun die Marzipanrübchen mit einem Rest der Füllung auf der Rolle festkleben.

Anmerkung: Die Orangen-Möhrchen-Rolle schmeckt ganz frisch, aber auch noch am nächsten Tag, denn dann ist die Füllung gut durchgezogen.

Orangen-Zopf

ZUTATEN:

1 süße Orange (geschält)
70 g Zucker
160 g Milch-Sahne-Gemisch
1 Pr. Salz
1 P. Orangenzucker
2 Eier
60 g Butter
1 Tüte Hefe
500 g Mehl
1 Schuss Orangenlikör

ZUBEREITUNG:

Die Orange in den Mixtopf geben und **10 Sek./Stufe 9** pürieren. Umfüllen. Die restlichen Zutaten (außer Orangenlikör) in den Mixtopf geben und **4 Min./60 °C/Stufe 4** erhitzen. Jetzt das Mehl, den Likör und die Orange dazugeben und mit Hilfe des Spatels und **3 Min./Brotstufe** zu einem Teig verarbeiten. Im Topf 30 Min. gehen lassen, dann nochmals 2 Min./Brotstufe kneten. Den Teig zu einem Zopf flechten, evtl. dabei noch etwas Mehl hinzugeben. Den Zopf 20 Min. auf einem mit Backpapier ausgelegten Blech gehen lassen. Bei 175 °C ca. 30 Min. backen.

Oster-Pfirsich-Torte

ZUTATEN:

MÜRBETEIG:
125 g Margarine
125 g Zucker
2 Eier
250 g Mehl
2 TL Backpulver
BELAG:
500 ml Milch
2 P. Puddingpulver Sahnegeschmack
2 Eier
150 g Zucker
600 g Schmand
1 gr. Dose Pfirsiche
ZUM GARNIEREN:
Marzipan-Osterhasen
Zuckerblüten

ZUBEREITUNG:

Alle Teigzutaten in den Mixtopf geben und **10 Sek./Stufe 4–5** vermischen. Teig in eine gefettete Springform füllen, den Rand hoch drücken. Milch, Puddingpulver, Eier und Zucker in den Mixtopf geben und **6 Min./90 °C/Stufe 1** kochen. Schmand auf **Stufe 3** unterrühren. In der Zwischenzeit Pfirsiche klein schneiden, die Stücke auf den Teig legen und mit der Creme bedecken. Bei 200 °C etwa 60 Min. backen. Nach dem Auskühlen für einige Stunden in den Kühlschrank stellen. Mit Osterhäschen aus Marzipan und Zuckerblüten verzieren.

Oster-Saft-Torte

ZUTATEN:

TEIG:
100 g Mehl (Type 405)
2 EL Speisestärke
50 g Zucker
3 Eier
1 P. Vanillezucker
1 P. Backpulver
FÜLLUNG:
2 Becher Sahne
1 P. Sahnesteif
1 Pr. Salz
etwas Zucker
1 Becher Schmand
2 Tüten Instantgetränk (z. B. Orange)
ZUM GARNIEREN:
Zuckereier

ZUBEREITUNG:

Alle Teigzutaten in den Mixtopf geben und **3 Min./Stufe 3–4** zu einem Teig verarbeiten. In eine gefettete Springform füllen und im vorgeheizten Backofen ca. 20 Min. bei 200 °C (Umluft 180 °C) backen. Boden auskühlen lassen und auf eine Tortenplatte legen. Backring darum stellen. Rühraufsatz einsetzen. Sahne mit Sahnesteif und Salz im Mixtopf **4 Min./Stufe 3** steif schlagen. In eine Schüssel füllen. Zucker, Schmand, Getränkepulver und die steife Sahne (etwas zurückbehalten für Sahnetuffs) in den Mixtopf geben und **1 Min./LL/Stufe 2** kurz verrühren. Creme auf dem Tortenboden verteilen und in den Kühlschrank stellen. Mit einem Spritzbeutel Sahnetuffs draufsehen und mit kleinen Zuckereiern verzieren.

Oster-Schmandkuchen mit Kirschen

ZUTATEN:

TEIG:
250 g Mehl
½ P. Backpulver
1 P. Vanillezucker
80 g Zucker
125 g Butter
1 Ei
BELAG 1:
2 P. Vanillepudding
¾ l Milch
2 Becher Schmand
100 g Zucker
1 P. Vanillezucker
1 TL Buttervanille-Aroma
BELAG 2:
1 Glas Sauerkirschen (gut abgetropft)
AUSSERDEM:
2 P. Tortenguss

ZUBEREITUNG:

Die Zutaten für den Teig in den Mixtopf geben und **20 Sek./Stufe 3–4** zu einem Knetteig verarbeiten. Eine Springform (26cm Ø) einfetten. Den Teig darin verteilen und dabei den Rand etwas hochdrücken. Rühraufsatz einsetzen. Pudding und Milch **7 Min./90 °C/Stufe 2** kochen. 10 Min. abkühlen lassen. Nun Schmand, Zucker, Vanillezucker und Aroma **10 Sek./Stufe 3** unterrühren. Den Pudding auf den Teig geben. Sauerkirschen darauf verteilen. Nun ca. 1 Std. bei 180 °C backen. Tortenguss mit der lt. Anweisung auf der Packung benötigten Menge Kirschwasser in den Mixtopf geben und **2 Min./80 °C/Stufe 2** kochen. Kirschwasser kurz unterrühren und alles über den Kuchen gießen. 2 Std. im Kühlschrank auskühlen lassen. Mit Zuckerblüten und kleinen Eiern verzieren.

Osterapfel mit Eierlikör

ZUTATEN:

600 g säuerliche Äpfel
Saft einer Zitrone
FÜLLUNG:
60 g flüssiges Butterschmalz
175 g Marzipan-Rohmasse
½ TL Zimt
50 g Rosinen
50 g Mandelblättchen
SAUCE:
200 g Schlagsahne
70 ml Eierlikör
1 EL Puderzucker

ZUBEREITUNG:

Äpfel halbieren, Kerngehäuse großzügig herausschneiden. Äpfel mit Zitronensaft beträufeln. Eine Auflaufform mit 10 g Butterschmalz auspinseln. Das restliche Butterschmalz in den Mixtopf geben. Marzipan grob zerbröseln, Zimt zufügen und alles im Mixtopf **1 Min./Stufe 3** verrühren. Rosinen und Mandelblättchen **30 Sek./Stufe 3** hineinrühren. Diese Füllung auf die Apfelhälften verteilen und in die Auflaufform geben. Im vorgeheizten Ofen bei 220 °C ca. 25 Min. backen. Sahne **3 Min./Stufe 4** schlagen, Eierlikör unterrühren und zu den Äpfeln servieren. Äpfel mit etwas Puderzucker bestäuben.

Osterbrot

ZUTATEN:

250 g Sultaninen
4 EL Rum
200 g Marzipanrohmasse
250 g Magerquark
200 g weiche Butter
150 g Zucker
1 P. Vanillinzucker
1 Fläschchen Zitronenaroma
1 Pr. Salz
3 Eier
500 g Mehl
1 P. Backpulver
GUSS:
5 EL Mandelblättchen
150 g Puderzucker
restlicher Rum
etwas Milch

ZUBEREITUNG:

Die Sultaninen mit dem Rum einweichen. 1–2 Std. ziehen lassen. Marzipanrohmasse in Stücken in den Mixtopf geben **3 Sek./Stufe 5** zerkleinern und umfüllen. Magerquark in ein Sieb geben und abtropfen lassen. Ofen vorheizen. Restliche Teigzutaten in den Mixtopf geben und **30 Sek./Stufe 4** verrühren. Den Quark und das Marzipan dazugeben und **20 Sek./Stufe 6** mixen, bis keine Klumpen mehr zu sehen sind. Sultaninen abgießen (Rum für den Guss aufheben) und mit etwas Mehl vermengen, damit sie nicht so stark absinken. Nun zum Teig geben und mit Hilfe des Spatels kurz unterrühren. Auf ein mit Backpapier ausgelegtes Backblech geben und einen länglichen Laib formen. Im Backofen auf der mittleren Schiene 65–75 Min. bei 180 °C O/U (ca. 160 °C Umluft) backen. Gut abkühlen lassen. Die Mandelblättchen in einer Pfanne ohne Fett goldgelb rösten. Puderzucker mit dem restlichen Rum und etwas Milch verrühren. Am Schluss das abgekühlte Brot damit bestreichen und mit den Mandelblättchen bestreuen.

Osterbrötchen

ZUTATEN:

BASISTEIG:
150 g Weizen
150 g Roggen
200 g Weizenmehl
1 Würfel Hefe
1 ½ TL Salz
1 TL Zucker
20 ml lauwarmes Wasser
TEIG 1:
1 Portion Teig
50 g angefrorenen Schinken
½ TL gemahlener Kümmel
Pfeffer
TEIG 2:
1 Portion Teig
1 TL Koriander
2 EL Sesam
TEIG 3:
1 Portion Teig
2 EL Leinsamen
2 EL gehackte Haselnüsse

ZUBEREITUNG:

Den Teig 3 x zubereiten! Weizen und Roggen getrennt in den Mixtopf geben und jeweils **1½ Min./Stufe 10** mahlen. Restliche Zutaten für den Basisteig dazugeben und alles **2 Min./Brotstufe** verkneten. Jeweils 40 Min. gehen lassen. Für Teig 1 den Schinken in den Mixtopf geben und **4 Sek./Stufe 5** zerkleinern. Kümmel dazugeben und **2 Min./Brotstufe** verkneten. Umfüllen. Nun Teig 2 und Teig 3: ebenso zubereiten. Bei Teig 2 Koriander und bei Teig 3 Leinsamen mit einrühren. Aus den Teigen längliche oder herzförmige Brötchen formen und mit Wasser bestreichen. Die Schinkenbrötchen mit Pfeffer und die Korianderbrötchen mit Sesam bestreuen, die Leinsamenbrötchen in gehackte Haselnüsse drücken. Etwa 20 Min. bei 200–225 °C backen. Dabei eine Schüssel mit Wasser in den Backofen stellen.

Osterhäschen oder Osterlämmchen

ZUTATEN:

4 Eier
1 Pr. Salz
200 g Zucker
1 P. Vanillezucker
1 TL Kardamom
350 g Mehl
1 P. Backpulver
Saft von 1 Orange
abgeriebene Schale von ½ Orange
FÜR DIE FORM:
Fett
2 EL Paniermehl
ZUM GARNIEREN:
Puderzucker, Zimt, Kardamom oder Vollmilchkuvertüre

ZUBEREITUNG:

Eier trennen. Rühraufsatz einsetzen. Eiweiß mit dem Salz im Mixtopf ca. **4 Min./Stufe 3** und zu steifem Schnee schlagen und umfüllen. Rühraufsatz entfernen. Eigelb mit Zucker, Vanillezucker und Kardamom im Mixtopf **30 Sek./Stufe 3** schaumig schlagen. Mehl, Backpulver, Orangensaft und Orangenschalen dazugeben und **25 Sek./Stufe 6** mischen. Nun Eiweiß mit dem Spatel unterheben. Drei Formen (Häschen oder Lamm) einfetten und mit Paniermehl ausstreuen. Teig einfüllen. Backofen auf 200 °C vorheizen. Figuren ca. 30 Minuten backen (Gas: Stufe 4, Umluft 180 °C). Aus den Formen lösen und abkühlen lassen. Häschen und Lamm nach Wunsch mit einer Mischung aus Puderzucker, Zimt und Kardamom bestreuen oder mit Vollmilchkuvertüre überziehen. Mit angerührtem Zuckerguss Gesichter aufbringen oder mit einer Schleife verzieren.

Osterkranz

ZUTATEN:

TEIG:
450 g Mehl
1 Würfel Hefe
100 g Zucker
1 P. Vanillezucker
1 Pr. Salz
1 TL abgeriebene Zitronenschale
150 g Crème fraîche
120 ml Milch
100 g weiche Butter
ZUM GARNIEREN:
1 Eigelb
1 EL Milch
Hagelzucker

ZUBEREITUNG:

Alle Zutaten für den Teig in den Mixtopf geben und **2 Min./Brotstufe** mischen. Den Teig im Mixtopf ca. 30 min. gehen lassen. Auf einer bemehlten Arbeitsfläche nochmals kurz per Hand durchkneten und in 10 Stücke teilen. Jeweils ca. 30 cm lange Rollen formen und 2 Rollen miteinander verschlingen. Als Kränze auf ein mit Backpapier ausgelegtes Blech legen. Mit Eigelb-Milchmischung bestreichen, Hagelzucker darüber streuen und nochmals ca. 15 Min. gehen lassen. 20 Min. bei 180 °C (Umluft 160 °C) backen. Die Mitte der einzelnen Kränze mit Ostereiern auslegen.

Osterkuchen

ZUTATEN:

TEIG:
200 g Butter
1 Ei
200 g Zucker
1 Pr. Zimt
1 TL Backpulver
200 g Mehl
200 g gemahlene Mandeln
Eierlikör nach Geschmack
ZUM GARNIEREN:
Puderzucker

ZUBEREITUNG:

Butter, Ei und Zucker, Zimt und Backpulver in den Mixtopf geben und **1 Min./90 °C/Stufe 1** mixen. Die übrigen Teigzutaten zugeben und **1 Min./Stufe 3** vermengen. In eine gefettete Springform füllen und 30–40 Min. bei 180 °C backen. Den Kuchen auskühlen lassen und mit Puderzucker garnieren.

Osterkuchen mit Kaffee-Nuss-Likör

ZUTATEN:

200 g Haselnüsse
100 g Zartbitterschokolade
250 g Weizenmehl
1 Stück Stangenzimt
1/3 TL Kardamom
1 geh. TL ganze Kaffeebohnen
1 P. Backpulver
250 g weiche Butter
180 g Zucker
5 Eier
1 Pr. Salz
1 P. Vanillezucker
150 ml Nusslikör
Puderzucker oder Kuvertüre

ZUBEREITUNG:

Die Nüsse mit der in Stücke gebrochenen Schokolade in den Mixtopf geben, **30 Sek./Stufe 6–7** zerkleinern und umfüllen. Das Mehl zusammen mit den Gewürzen und den Kaffeebohnen **3 Min./Stufe 9** fein mahlen, mit dem Backpulver mischen, umfüllen. Die Butter mit dem Zucker, den Eiern, dem Salz und dem Vanillezucker **20 Sek./Stufe 6** cremig rühren. Den Likör zufügen und **10 Sek./Stufe 3** mischen. Nach und nach die beiseite gestellte Mehl-Nuss-Schokoladen-Mischung unterheben. Zuletzt mit dem Spatel vorsichtig verrühren. In einer 30 cm langen gefetteten Kastenform bei 175 °C ca. 50–55 Min. backen. Abgekühlt mit Puderzucker bestäuben oder mit Kuvertüre überziehen und bevor diese trocknet, auf Wunsch mit weißen Schokoeiern verzieren.

Osterstuten aus Großenaspe

ZUTATEN:

400 g Mehl
100 g zerlassene Margarine
100 g Zucker
1 Würfel
1 Ei
1 Pr. Salz
2 MB lauwarme Milch
Rosinen (nach Gusto)

ZUBEREITUNG:

Alle Zutaten in den Mixtopf geben und 2,5 MIN./BROTSTUFE verkneten. Teig in eine Kastenform füllen und ca. 20–30 Min. abgedeckt an einem warmen Ort gehen lassen. Nun ca. 25–30 Min. bei 250 °C backen. Beim Backen eine Tasse Wasser mit in den Ofen stellen.

Abwandlung: Stutenteig einschneiden, entlang des Schnittes Zucker streuen und mit Eigelb bestreichen.

Osterzopf mit Mandelfüllung

ZUTATEN:

HEFETEIG:
500 g Mehl
½ Würfel Hefe
50 g Zucker
¼ l Milch
80 g weiche Butter
1 Ei
1 Pr. Salz

FÜLLUNG:
200 g gemahlene Mandeln
80 g Marzipanrohmasse
2 EL Sahne
50 g Zucker
1 Ei
1 Pr. Zimt
abgeriebene Schale einer ½ Zitrone

ZUM GARNIEREN:
1 Eigelb
Hagelzucker

ZUBEREITUNG:

Alle Zutaten für den Teig in den Mixtopf geben und **3 Min./Brotstufe** kneten. Teig im Mixtopf 30 Min. gehen lassen und dann nochmals **2 Min./Brotstufe** kneten. Umfüllen und beiseite stellen. Mandeln im Mixtopf **1 Min./Stufe 8** fein mahlen. Alle restlichen Zutaten für die Füllung hinzufügen und mit Hilfe des Spatels ca. **30 Sek./Stufe 3–4** mischen. Den Teig in drei Teile teilen und zu ca. 40 cm langen, handbreiten Streifen ausrollen. Füllung darauf verteilen. Die Streifen der Länge nach zu Würsten aufrollen, mit etwas Mehl bestäuben und einen Zopf flechten. Auf ein gefettetes Backblech legen und nochmals 30 Min. gehen lassen. Das Eigelb mit 1 EL Wasser verquirlen, den Zopf damit bestreichen und mit Hagelzucker bestreuen. Im Backofen auf der untersten Schiene ca. 40 Min. bei 200 °C (Umluft 180 °C) backen.

Osterzopf mit Weißwein

ZUTATEN:

TEIG:
250 g Milch
1 Würfel Hefe
25 g Butter
20 g Zucker
600 g Mehl
1 TL Salz
60 g Weißwein
60 g Zucker
BELAG:
1 Ei
Hagelzucker
Mandelblättchen

ZUBEREITUNG:

Alle Zutaten für den Teig in den Mixtopf geben und **3 Min./Brotstufe** verkneten. Den Teig in eine Schüssel geben und ca. 1 Stunde zugedeckt gehen lassen. Nun 3 Stränge von ca. 50–60 cm Länge abstechen, zu einem Zopf flechten und diesen auf ein mit Backpapier ausgelegtes Blech geben. Zopf mit verquirltem Ei bestreichen und mit Hagelzucker und Mandelblättchen bestreuen. Nochmals 20 Min. gehen lassen. Backofen auf 180 °C vorheizen und den Zopf ca. 25–30 Minuten backen.

Anmerkung: Dieser Hefezopf gelingt immer! Wenn Sie keinen Wein mögen oder wenn Kinder mitessen, verwenden Sie dieselbe Menge Apfelsaft.

Pfefferminz-Muffins mit Frischkäsefüllung

ZUTATEN:

100 g Vollmilchschokolade
300 g Mehl (Type 405)
1 P. Backpulver
½ TL Natron
1 Ei
100 g Zucker
80 ml Distelöl
250 g Buttermilch
50 g Frischkäse
FÜLLUNG:
150 g Frischkäse
10 Pfefferminztäfelchen
50 g Zucker
50 g Buttermilch

ZUBEREITUNG:

Backofen auf 180 °C (Umluft 160 °C) vorheizen. Schokolade in den Mixtopf geben und **10 Sek./Stufe 8** zerkleinern. Die Schokolade in eine Rührschüssel umfüllen. Mehl, Backpulver und Natron gut mischen und mit den restlichen Zutaten für den Teig im Mixtopf **1 Min./Stufe 4** vermengen. Umfüllen. Alle Zutaten für die Füllung in den Mixtopf geben und **30 Sek./Stufe 2–3** vermengen. Die Hälfte des Teiges in die Muffinförmchen gegeben. Je 1–2 kleine Löffel Füllung darauf geben und mit übrigen Teig auffüllen. Im Backofen auf der mittleren Schiene ca. 20–25 Min. bei 180 °C backen. 5 Min. ruhen lassen, danach dekorieren.

Plumkuchen

ZUTATEN:

TEIG:
550 g Mehl
50 g Zucker
1 P. Vanillezucker
1 Pr. Salz
1 Würfel Hefe
250 ml lauwarme Milch
100 g Butter
1 Ei
BELAG:
50 g Paniermehl
ca. 1–2 kg entkernte Pflaumen oder 1 Glas (abtropfen lassen)
4 EL Zimtzucker

ZUBEREITUNG:

Alle Teigzutaten in den Mixtopf geben und **3 Min./Brotstufe** zu einem Teig verarbeiten. Umfüllen und 30 Min. gehen lassen. Teig auf einem gefetteten Backblech verteilen. Mit dem Paniermehl bestreuen und die Pflaumen auf dem Teig verteilen. Alles mit Zimtzucker bestreuen und 1½ Stunden bei 200 °C/Umluft 180 °C backen.

Preiselbeer-Flockentorte

ZUTATEN:

BRANDTEIG:
220 ml Wasser
½ TL Salz
100 g Butter
150 g Mehl
4 Eier
Boden
FÜLLUNG UND GARNITUR:
600 ml Sahne
2 P. Bourbon-Vanillezucker
50 g Puderzucker
3 P. Sahnesteif
1 kl. Glas abgetropfte Preiselbeeren (210 ml)
1 Mürbeteigboden (26 cm Ø)
1 EL Schokocreme
10 Zuckerstreusel-Ostereier

ZUBEREITUNG:

Ofen auf 200 °C (Umluft 180 °C) vorheizen. Brandteig: Wasser mit Salz und Butter **3 Min./80 °C/Stufe 2** aufkochen. Mehl dazugeben und **5 Min./Stufe 3** mixen, bis sich der Teig vom Rand löst. Danach die Eier **30 Sek./Stufe 3** unterheben. Ein Backblech mit Backpapier auslegen, die Hälfte des Teiges auf das Blech streichen. Im Ofen ca. 20 Min. backen. Mit dem übrigen Teig genauso verfahren. Solange die Böden noch warm sind, mit einem Springformrand (26 cm Ø) Kreise ausstechen. Reste zu groben Flocken verkleinern. Für die Füllung Sahne mit Vanillezucker, 1 EL Puderzucker und Sahnesteif in den Mixtopf geben und **4 Min./Stufe 4** steif schlagen. Beeren unterheben. Mürbeteigboden erst mit Schokocreme, dann mit einem Drittel der Sahne bestreichen. Einen Brandboden aufsetzen und mit der Hälfte der übrigen Sahne bestreichen. Zweiten Boden aufsetzen und mit der restlicher Sahne bestreichen. Torte mit Flocken, Streusel-Eiern und übrigem Puderzucker garnieren.

Puddingkuchen mit Schokoladeneiern

ZUTATEN:

TEIG:
4 P. Vanillepudding zum Kochen
4 Eier
1 Tasse Öl
1 Tasse Zucker
1 P. Backpulver
ZUM VERZIEREN:
1 Becher Sahne
1 Pr. Salz
Schokoladeneier

ZUBEREITUNG:

Alle Zutaten für den Teig in den Mixtopf geben und **30 Sek./Stufe 4–5** verrühren. In eine kleine Springform (24 cm Ø) füllen und 40–45 Min. bei 180 °C (Umluft 160 °C) backen. Rühraufsatz einsetzen. Die Sahne mit dem Salz in den Mixtopf geben und **4 Min./Stufe 4** steif schlagen. Mit einem Spritzbeutel Sahnetuffs auf den Kuchen setzen und diese dann mit Schokoladeneiern garnieren.

Putins Apfelkuchen

ZUTATEN:

4 Äpfel
250 g Weizen- oder Dinkelmehl
250 g weiche Butter
3 Eier
60 g Haselnüsse
4 EL Honig
1 P. Backpulver
1 EL Kakaopulver
1 TL Zimt
1 Fl. Vanillearoma

ZUBEREITUNG:

Äpfel schälen, vierteln, in den Mixtopf geben, **20 Sek./Stufe 5–6** zerkleinern und umfüllen. Nun die restlichen Zutaten dazugeben und alles **1 Min./Stufe 4** zu einem geschmeidigen Teig verarbeiten. Nun noch die Äpfel **2–3 Sek./Stufe 3** (mit Spatel) unterheben. Den Kuchen in eine mit Backpapier ausgelegte Form füllen und ca. 50–60 Min. bei 180 °C backen. Kuchen auskühlen lassen.

Quark-Hasen

ZUTATEN:

SÜSSER QUARK-ÖL-TEIG:
150 g Quark
50 g Zucker
6 EL Milch
6 EL Öl
1 Pr. Salz
1 P. Backpulver
300 g Mehl
ZUM GARNIEREN:
Rosinen
Mandeln
Mohn

ZUBEREITUNG:

Quark, Zucker, Milch und Öl in den Mixtopf geben und **1 Min./Stufe 3** mixen. Nun noch die restlichen Zutaten hinzufügen und nochmals **1 Min./Stufe 3** verkneten. Aus je zwei Kugeln einen Hasenkörper formen, mit weiterem Teig Ohren, Arme und Schnauze formen und an den Kopf ansetzen. Mit Rosinen, halben Mandeln und Mohn dekorieren. Ca. 25 Min. bei 150 °C (Umluft) oder 180 °C (O/U) backen.

Quarkbällchen

ZUTATEN:

TEIG:
500 g Quark
6 Eier
6 EL Zucker
2 P. Vanillezucker
500 g Mehl
1 Msp. Natron
Puderzucker
AUSSERDEM:
Öl
Fett zum Ausbacken
Puderzucker oder Zucker

ZUBEREITUNG:

Alle Zutaten für den Teig in den Mixtopf geben und **2 Min./Stufe 4** vermengen. Anschließend mit einem Eisportionierer, den Sie zunächst in Öl eintauchen, kleine Kugeln formen und diese sofort in heißem Fett ausbacken. Mit Puderzucker bestäuben oder in Zucker wälzen.

Rhabarberkuchen

ZUTATEN:

TEIG:
200 g Mehl
150 g Butter
50 g Zucker
1 Ei
abgeriebene Schale einer Zitrone
BELAG:
2 EL Semmelbrösel
1 kg Rhabarber
200 g Zucker
GUSS:
3 Eier (getrennt)
125 g Zucker
200 g Saure Sahne oder Schmand
3 EL Nüsse
50 g zerbröselter Zwieback
ZUM GARNIEREN:
Sahne
Vanille-Schokoladeneier

ZUBEREITUNG:

Alle Teigzutaten in den Mixtopf geben und **2 Min./Stufe 3** zu einem Teig verarbeiten. Diesen in eine Springform geben und mit einer Gabel mehrfach anpieksen. Mit Semmelbröseln bestreuen. Rhabarber putzen und in Stücke schneiden. Mit Zucker bestreuen und 30 Min. ziehen lassen. Saft abgießen. Den Rhabarber auf den Teig geben. Kuchen ca. 30 Min. bei 180 °C backen. Rühraufsatz einsetzen. Eiweiß in den Mixtopf geben und **4 Min./ Stufe 4** zu Schnee schlagen. Umfüllen. Rühraufsatz entfernen. Zutaten für den Guss in den Mixtopf geben und **30 Sek./Stufe 2** verrühren. Den Eischnee dazugeben und auf Stufe 2 kurz unterrühren. Anschließend auf den vorgebackenen Kuchenteig geben und 30 Min. bei 175 °C zu Ende backen. Mit Sahne und Vanille-Schokoladeneiern verzieren.

Rosa Mandelbiskuit-Torte

ZUTATEN:

3 Eier
100 g Zucker
1 Pr. Salz
abgeriebene Schale einer Zitrone
100 g gemahlene Mandeln
30 g Mehl
1 Msp. Backpulver
1 P. Sahnepudding
500 ml Milch
140 g Puderzucker
1 Eigelb
300 g weiche Butter
1–2 EL Grenadinesirup
2 EL Himbeergelee
ZUM GARNIEREN:
Zuckereier oder Marzipanhäschen

ZUBEREITUNG:

Ofen auf 180 °C (Umluft 160 °C) vorheizen. Eine kleine Springform (24cm Ø) nur am Boden fetten und mit etwas Mehl ausstäuben. Eier trennen. Rühraufsatz einsetzen. Eiweiß mit Salz **4 Min./Stufe 4** steif schlagen und umfüllen. Eigelb mit 3 EL warmem Wasser in den Mixtopf füllen und **2 Min./Stufe 3** schaumig rühren. Rühraufsatz entfernen. Eiweiß unterheben und umfüllen. Zitronenschale, Mandeln, Mehl und Backpulver in den Mixtopf geben und **1 Min./Stufe 2** vermengen. Masse in die Springform füllen und ca. 25 Min. backen. Biskuit abkühlen lassen. Waagerecht halbieren. Puddingpulver, Milch und 40 g Puderzucker ca. **2 Min./80 °C/Stufe 3** aufkochen. Eigelb durch die Deckelöffnung geben und kurz unterrühren. Hitze ausschalten. Butter und übrigen Puderzucker esslöffelweise einrühren. Mit Grenadinesirup rosa einfärben. Den unteren Biskuit mit der Hälfte der Creme bestreichen. Zweiten Boden mit Gelee bestreichen und mit dieser Seite nach unten auf die Creme setzen. Torte mit restlicher Creme überziehen. 1 Std. in den Kühlschrank stellen. Nach Wunsch mit Zuckereiern oder Marzipanhäschen verzieren.

Rosinen-Apfel-Zopf

ZUTATEN:

TEIG:
500 g Mehl
1 Würfel Hefe
50 g Margarine
10 TL Zucker
2 ½ MB Milch
1 TL Salz
etwas Milch
FÜLLUNG:
4 Äpfel
Zitronensaft
2 TL Zimtzucker
2 EL Rosinen
1 Eigelb

ZUBEREITUNG:

Alle Zutaten für den Teig in den Mixtopf geben und **3 Min./Brotstufe** verkneten. Umfüllen und ca. 20 Min. gehen lassen. Zwischenzeitlich die Äpfel schälen, in kleine Würfel schneiden und mit etwas Zitronensaft beträufeln. Den Teig auf Backblechgröße ausrollen und in drei lange Streifen teilen. Nun jeweils eine Teigbahn nehmen, mit der Hälfte des Zimtzuckers bestreuen, die Apfelwürfelchen und Rosinen über die gesamte Länge in der Mitte verteilen. Danach die Teigbahn längs zusammenklappen und mit Hilfe einer Gabel zusammendrücken. Zum Schluss die drei Teigrollen flechten, mit dem Eigelb bestreichen, mit dem restlichen Zimtzucker bestreuen und bei 180°C (Umluft) ca. 20–25 Min. goldbraun backen.

Rotwein-Napfkuchen

ZUTATEN:

150 g Blockschokolade
300 g Butter
250 g Zucker
2 P. Vanillezucker
6 Eier
2 TL Zimt
1 gehäufter TL Kakao
125 ml Rotwein
300 g Mehl
1 P. Backpulver
1 Pr. Salz
GUSS:
200 g Puderzucker
2 EL Rotwein
ZUM GARNIEREN:
Schokoladeneier
Dekostroh

ZUBEREITUNG:

Schokolade **20 Sek./Stufe 8** zerkleinern und umfüllen. Butter, Zucker und Vanillezucker in den Mixtopf geben und **5 Sek./Stufe 4** vermengen. Mixtopf auf Stufe 2 laufen lassen und nach und nach die Eier durch die Deckelöffnung dazugeben. Dann Zimt, Kakao und Wein auf **Stufe 3** einrühren. Anschließend mit Hilfe des Spatels Mehl, die vorbereitete Schokolade, Backpulver und Salz **40 Sek./Stufe 3–4** unterrühren. Den Teig in eine Napfkuchenform geben und bei 180 °C (Umluft 160 °C) ca. 1 Stunde backen. Puderzucker mit Rotwein zu einem Brei mischen und über dem Kuchen verteilen. Wenn der Kuchen komplett erkaltet ist, auf einer Kuchenplatte anrichten und in der Mitte mit Schokoeiern aus weißer und schwarzer Schokolade verzieren. Dekostroh um den Kuchen legen, damit es wie ein Nest aussieht.

Rüebli-Torte

ZUTATEN:

TEIG:
1 unbehandelte Zitrone
300 g Möhren
5 Eier
1 Pr. Salz
200 g Zucker
80 g Mehl
3 TL Backpulver
250 g gemahlene Mandeln
GUSS:
50 g Mandelblättchen
½ Zitrone
200 g Puderzucker
12 Marzipanmöhrchen

ZUBEREITUNG:

Zitrone abbrausen, trocken tupfen, Schale abreiben. Frucht halbieren und auspressen. Möhren im Mixtopf **30 Sek./Stufe 7** fein raspeln. Umfüllen. Backofen auf 180 °C vorheizen. Eine Springform (26 cm Ø) fetten. Eier trennen. Das Eiweiß mit dem Salz **4 Min./Stufe 4** steif schlagen. Eigelb mit Zucker, Zitronenschale und Zitronensaft **3 Min./Stufe 3** dickschaumig rühren. Mehl und Backpulver dazugeben und **30 Sek./Stufe 3** vermengen. Zum Schluss mit Hilfe des Spatels die Mandeln, die Möhrenraspel und den Eischnee dazugeben und **5 Sek./Stufe 3** vermengen. Teig in die Springform geben und ca. 50 Min. backen. Auf einem Kuchengitter abkühlen lassen. Mandelblättchen in einer beschichteten Pfanne ohne Fett goldbraun rösten. Zitronenhälfte auspressen. Puderzucker mit dem Zitronensaft zu einem Guss verrühren und den Kuchen damit überziehen. Den Rand mit den Mandelblättchen verzieren. Die Torte mit Marzipanmöhrchen belegen. Den Guss gut trocknen lassen.

Saftige Apfel-Muffins

ZUTATEN:

1 mittelgroßer Apfel
1 Ei
130 g brauner Zucker
80 ml Distelöl
250 ml Apfelsaft
250 g Mehl (Type 405)
1 P. Backpulver
½ TL Natron
2 TL Zimt
¼ TL Nelken
¼ TL Muskatnuss
ZUM GARNIEREN:
Puderzucker und Wasser

ZUBEREITUNG:

Apfel schälen, das Kerngehäuse entfernen und den Apfel **10 Sek./Stufe 3** zerkleinern. Umfüllen. Ei, Zucker, Öl und Apfelsaft in den Mixtopf geben und **20 Sek./Stufe 3** verrühren. Restliche Zutaten dazugeben und **30 Sek./Stufe 3** gut vermischen. Den Teig in Muffinförmchen geben, sodass maximal zwei Drittel der Förmchen gefüllt sind. Ca. 20–25 Min. bei 180 °C (Umluft 160 °C) backen. Aus Puderzucker und Wasser einen Zuckerguss herstellen und die Muffins damit einstreichen.

Saftiger Apfel-Kokos-Kuchen

ZUTATEN:

RÜHRTEIG:
100 g Margarine
100 g Zucker
2 Eier
1 Pr. Salz
200 g Mehl
2 TL Backpulver
FÜLLUNG:
4 Äpfel
100 g Margarine
100 g Zucker
4 Eier
75 g Kokosflocken
Saft einer Zitrone

ZUBEREITUNG:

Alle Teigzutaten in den Mixtopf geben, **1 Min./Brotstufe** kneten und in eine Springform füllen. Rand dabei etwas hochziehen. Äpfel **10 Sek./Stufe 3** zerkleinern. Restliche Zutaten dazugeben, alles **60 Sek./Stufe 3–4** vermengen und auf dem Teig verteilen und glatt streichen. 60 Min. bei 175 °C (Umluft) goldbraun backen.

Anmerkung: Der Kuchen ist saftig und lange haltbar.

Sahnekonfekteier

ZUTATEN:

300 g Vollmilchkuvertüre
Mark einer halben Vanilleschote
1/8 l Sahne
30 g weiche Butter
etwas dunkler Kakao

ZUBEREITUNG:

Kuvertüre in Stücke brechen, in den Mixtopf geben und **10 Sek./Stufe 10** zerkleinern. Vanillemark und Sahne dazugeben und **6 Min./80 °C/Stufe 3** erhitzen. Kühl stellen. Wenn die Masse fest ist, mit dem Spatel etwas lockern, die Butter dazugeben und die Masse auf **Stufe 8** aufschlagen, bis sie hell und cremig ist. Entweder in einen Spritzbeutel füllen und Rosetten spritzen oder nochmals gut kühlen und dann mit 2 Kaffeelöffeln kleine Eier formen.

Anmerkung: Die Masse schmilzt sehr leicht. Die Rosetten oder die Eier mit etwas dunklem Kakao besieben oder in Puderzucker und Kakao wälzen. Kühl stellen!

Schmalzgebäckeier

ZUTATEN:

½ l Milch
50 g Butter
100 g Zucker
1 P. Vanillezucker
1 Würfel Hefe
4 Eier
1 Pr. Salz
750 g Mehl
ZUM GARNIEREN:
Puderzucker oder bunte Streusel

ZUBEREITUNG:

Milch, Butter, Zucker, Vanillezucker und Hefe in den Mixtopf geben und **1 Min./37 °C/Stufe 2** vermengen. Die Eier und das Salz **30 Sek./Stufe 4** unterheben. Mehl hinzufügen und nochmals **30 Sek./Stufe 4** vermengen. Ca. 30 Min. gehen lassen. Mit 2 Löffeln kleine Eier formen und in heißem Fett goldbraun backen. Entweder mit Milch bepinseln und in bunten Streusel wenden oder nur mit Puderzucker bestäuben.

Schoko-Banane-Osterkuchen

ZUTATEN:	ZUBEREITUNG:

TEIG:
80 g Nüsse
50 g Schokolade
250 g Margarine
150 g Zucker
1 P. Vanillezucker
1 Pr. Salz
4 Eier
2–3 reife Bananen
300 g Mehl
1 P. Backpulver
1 Pr. Natron
2 TL Kakao (Fertigprodukt)
1 TL Zimt
1 MB Rum
GUSS:
100 g Puderzucker
100 g Getränkepulver (Bananengeschmack)
etwas Milch
einige Geleebananen und Zuckereier

Jeweils Nüsse und Schokolade in den Mixtopf geben, **30 Sek./Stufe 10** zerkleinern und umfüllen. Margarine, Zucker, Vanillezucker, Salz und Eier ca. **1 Min./Stufe 4** vermengen. Während des Rührens die in Stücke gebrochenen Bananen durch die Deckelöffnung zugeben und weiterrühren lassen. Nun die restlichen Zutaten für den Teig hinzufügen und mit Hilfe des Spatels auf Stufe 5 unterrühren. Teig in eine gefettete Backform geben und ca. 1 Std. bei 200 °C (Umluft), 180 °C (O/U) backen. Auf ein Küchengitter stürzen und auskühlen lassen. Puderzucker, Getränkepulver und Milch in den Mixtopf geben, **20 Sek./Stufe 3** zu einem Brei verrühren und den Kuchen damit bestreichen. Mit Geleebananen und Zuckereiern verzieren.

Anmerkung: Wenn Kinder mitessen, ersetzen Sie den Rum durch Milch.

Schoko-Sahne-Eier

ZUTATEN:	ZUBEREITUNG:

300 g Vollmilchkuvertüre
125 ml Sahne
1 P. Vanillearoma
30 g weiche Butter
1 TL Kakaopulver

Kuvertüre in den Mixtopf geben und **10 Sek./Stufe 10** zerkleinern. Sahne und Vanillearoma dazugeben und **7 Min./80 °C/ Stufe 4** vermengen. In den Kühlschrank stellen, bis die Masse fest geworden ist. Anschließend die weiche Butter dazugeben und **5 Sek./Stufe 4–5** vermengen. Masse zu Eiern formen und in Schokostreuseln wälzen. Im Kühlschrank aufbewahren.

Schokogugelhupf mit Äpfel

ZUTATEN:

4 Eier (trennen)
4 Äpfel (geschält)
Zitronensaft
100 g gehackte Nüsse
250 g Butter
200 g Zucker
1 TL Backpulver
250 g Mehl
100 g Schokolade

ZUBEREITUNG:

Eiweiß ca. **4 Min./50 °C/Stufe 3–4** steif schlagen und danach kühl stellen. Äpfel **10 Sek./Stufe 5** zerkleinern, in eine Schüssel füllen und mit etwas Zitronensaft beträufeln. Jetzt die Nüsse im Mixtopf **3 Sek./Stufe 6–7** zerkleinern und umfüllen. Butter, Zucker und die Eigelbe in den Mixtopf geben und ca. **1 Min./Stufe 4** schaumig rühren. Nun Mehl und Backpulver in den Mixtopf geben, nochmals **20 Sek./Stufe 3** rühren lassen. Nüsse, Äpfel und Schokolade mit dem Spatel **3 Sek./Stufe 2** unterrühren. Eiweiß vorsichtig unterheben. Alles in eine Gugelhupfform füllen und bei 180 °C (vorgeheizt) ca. 35–40 Min. (O/U) backen. Die Stäbchenprobe zeigt, wann der Gugelhupf fertig ist.

Schokoladenglasur

ZUTATEN:

200 g Puderzucker
3 EL Kakao
½ MB Wasser
20 g Kokosfett

ZUBEREITUNG:

Alle Zutaten in den Mixtopf geben und **2 Min./60 °C/Stufe 2** verrühren. Auf den erkalteten Kuchen geben und abkühlen lassen.

Schokoladenkuchen mit Eierlikörguss

ZUTATEN:

TEIG:
200 g Schokolade
300 g Butter
250 g Zucker
1 Pr. Salz
6 Eier
150 g Mehl
1 P. Backpulver
ZUM GARNIEREN:
200 g Puderzucker
2 EL Eierlikör
Pistazien
Zuckereier

ZUBEREITUNG:

Backofen auf 190 °C (O/U) oder 160 °C (Umluft) vorheizen. Schokolade und Butter in den Mixtopf geben und **4 Min./50 °C/Stufe 3** schmelzen. Zucker und Salz dazugeben und **1 Min./Stufe 5** vermengen. Restliche Zutaten für den Teig dazugeben und **20 Sek./Stufe 4** verrühren. Den Teig in eine gefettete Backform geben und ca. 50–60 Min. backen. Zucker in den Mixtopf geben und **8 Sek./Stufe 10** zu Puderzucker pulverisieren. Mit Eierlikör mischen und den erkalteten Kuchen damit bestreichen. Einige Pistazien drüber streuen und mit Zuckereiern belegen, bevor der Guss trocknet.

Teebrötchen zum Osterfrühstück

ZUTATEN:

150 g Weizenmehl (Type 405)
350 g Weizenmehl (Type 550)
300 ml Buttermilch
60 g weiche Butter
1 TL Salz
1 P. Backpulver
ZUM WÄLZEN:
Hagelzucker

ZUBEREITUNG:

Alle Zutaten in den Mixtopf geben und **2,5 Min./Brotstufe** verkneten. Den Teig 15 Min. ruhen lassen. Aus dem Teig kleine Brötchen formen und diese in Hagelzucker wälzen. Nun im Backofen bei 225 °C ca. 20–25 Min. backen

Tortenboden

ZUTATEN:

80 g Margarine
80 g Zucker
3 Eier
1 Pr. Salz
160 g Mehl
2 TL Backpulver
3 EL Milch

ZUBEREITUNG:

Alle Zutaten in den Mixtopf geben **2 Min./Stufe 3–4** zu einem Rührteig vermengen. Den Teig in eine gefettete und mit Semmelbröseln ausgestreute Tortenbodenform geben und 15 Min. bei 180 °C backen.

Tortenboden-Belag schnell und einfach

ZUTATEN:

1 Becher Sahne
1 P. Sahnesteif
1 Becher Schmand
1 Dose Mandarinen

ZUBEREITUNG:

Sahne und Sahnesteif in den Mixtopf geben und **4 Min./Stufe 4** steif schlagen. Schmand dazugeben und **8 Sek./Stufe 2** unterrühren. Mandarinen abtropfen lassen und **6 Sek./LL/Stufe 2** unterrühren. Die Masse dem Tortenboden verteilen.

Vanillepudding-Törtchen

10 STÜCK

ZUTATEN:

TEIG:
200 g Mehl
100 g Butter
1 Eigelb
100 g Zucker
1 P. Vanillezucker
BELAG:
50 g Zartbitterkuvertüre
1 P. Vanillepuddingpulver
2 EL Zucker
500 ml Milch
200 g Erdbeeren
ZUM GARNIEREN:
Minzeblättchen

ZUBEREITUNG:

Alle Teigzutaten in den Mixtopf geben und **2 Min./Stufe 3** verkneten. In Folie wickeln und 30 Min. in den Kühlschrank stellen. Backofen auf 200 °C (Umluft 180 °C) vorheizen. Den Teig ausrollen und in 10 gefettete Tortelettförmchen (8 cm Ø) legen. Die Ränder gerade abschneiden. Ca. 20 Min. backen. Aus den Förmchen lösen und auf einem Kuchengitter auskühlen lassen. Die Kuvertüre im Wasserbad schmelzen lassen und die Törtchen damit ausstreichen. Fest werden lassen. Aus Puddingpulver, Zucker und Milch im Mixtopf **1½ Min./80 °C/Stufe 3** einen Pudding herstellen. Ausschalten und weiterrühren, bis er kalt wird. Pudding in die Törtchen füllen. Erdbeeren waschen, putzen und in Scheiben schneiden. Auf die Törtchen legen und mit Minzeblättchen verzieren.

Walnuss-Torte

ZUTATEN:

FÜLLUNG:
80 g Walnüsse
80 g brauen Zucker
TEIG:
200 g weiche Butter
150 g Zucker
1 P. Vanillezucker
4 Eier
350 g Mehl
1 P. Backpulver
200 g Saure Sahne
1 Pr. Salz
1 Pr. Zimt
Zum Garnieren:
Puderzucker
Marzipaneier o. ä.

ZUBEREITUNG:

Die Walnüsse **10 Sek./Stufe 8** zerkleinern. Den braunen Zucker dazugeben und **5 Sek./Stufe 3** mischen und umfüllen. Alle Zutaten für den Teig in den Mixtopf geben und **1 Min./Stufe 3–4** mixen. Die Hälfte des Teiges in eine gefettete und mit Bröseln ausgestreute Springform geben. Nuss-Zuckermischung darauf verteilen, aber darauf achten, dass davon nichts an den Rand der Springform kommt. Die andere Teighälfte obenauf geben. Im Backofen auf der mittleren Schiene 50–60 Min. bei 175 °C backen. Auskühlen lassen, mit Puderzucker überstreuen und mit kleinen Marzipaneiern verzieren.

Wein- oder Apfelsafttorte zu Ostern

ZUTATEN:

TEIG:
125 g Butter
125 g Zucker
250 g Mehl
1 Ei
1 P. Vanillezucker
1 gestr. TL Backpulver
BELAG:
2 P. Vanillepudding
ca. 0,7 l Wein oder Apfelsaft
150 g Zucker
1 P. Vanillezucker
1 kg fein gehobelte Äpfel
2 Becher Sahne
ZUM GARNIEREN:
Kakao, Zuckereier
oder Marzipanküken

ZUBEREITUNG:

Mit den Teigzutaten im Mixtopf **50 Sek./Stufe 3** einen Mürbeteig herstellen, dabei den Spatel zu Hilfe nehmen. Teig in einer Tortenform auslegen und am Rand hochziehen. In der Zwischenzeit Pudding mit Wein/Apfelsaft, Zucker und Vanillezucker im Mixtopf **6 Min./90 °C/Stufe 3** kochen und die mit einem Küchenhobel in Scheiben gehobelte Äpfel unter den warmen Pudding mischen. Diese Masse auf den Mürbeteig geben und ca. 60–70 Min. bei 180 °C backen. Nach dem Erkalten die Torte mit Sahne bestreichen und mit Kakao bestäuben oder mit Zuckereiern und Marzipan-Küken verzieren.

Würzige Lebkuchenhasen

25 STÜCK

ZUTATEN:

250 g Honig
250 g brauner Zucker
150 g Butter
100 g gemahlene Mandeln
400 g Mehl
1 TL Zimt
je ¼ TL Nelken
Kardamom, Muskatblüte
und Piment (gemahlen)
oder Lebkuchengewürz
2 TL abgeriebene Schale
einer Zitrone
1 EL Kakaopulver
1 Ei
1 TL Pottasche

ZUBEREITUNG:

Honig, braunen Zucker und Butter in den Mixtopf füllen und **1 Min./50 °C/Stufe 2** schmelzen. Etwas abkühlen lassen. Mandeln, Mehl, alle Gewürze, Zitronenschale, Kakaopulver und Ei zu der Honigmasse geben und **3 Min./Stufe 3** zu einem glatten Teig verarbeiten. Pottasche mit 2 EL Wasser verrühren, zu den anderen Zutaten in den Mixtopf geben und so lange auf **Stufe 3** verarbeiten, bis der Teig glänzt und nicht mehr klebt. Evtl. etwas Mehl einrühren. Der Teig soll fest und formbar sein. Teig umfüllen und zugedeckt über Nacht im Kühlschrank ruhen lassen. Backofen auf 180 °C (Umluft 160 °C) vorheizen. Teig auf einer bemehlten Arbeitsfläche ca. 5 mm dick ausrollen und Hasen ausstechen. Auf 2 mit Backpapier ausgelegte Bleche geben und jeweils ca. 18 Min. backen. Auskühlen lassen.

Zitronenkuchen

ZUTATEN:

TEIG:
50 g Mandeln
250 g Mehl
125 g Butter
100 g Zucker
70 ml Wasser
1 Pr. Salz
BELAG:
2 Eier
100 g Zucker
Saft einer unbehandelten Zitrone
125 g flüssige Butter
ZUM GARNIEREN:
Schale einer unbehandelten Zitrone
gehackte Mandeln
Marzipan-Osterhasen
Dekorblümchen

ZUBEREITUNG:

Mandeln in den Mixtopf geben und **20 Sek./Stufe 9** zerkleinern. Umfüllen. Die restlichen Teigzutaten in den Mixtopf geben und **20 Sek./Stufe 3–4** zu einem Teig verarbeiten. Den Teig 1 Std. im Kühlschrank ruhen lassen, danach in eine runde Kuchenform (26cm Ø) geben und verteilen. 10–12 Min. bei 200 °C backen. Eier und Zucker in den Mixtopf geben und **3 Min./Stufe 3** cremig schlagen. In der letzten Minute den Zitronensaft, die Butter und die bereits vorbereiteten Mandeln bei **Stufe 2** zufügen. Die Eimasse auf dem Teig verteilen und mit gehackten Mandeln und geschnittener Zitronenschale dekorieren. Weitere 30 Min./bei 190 °C backen. Zum Schluss noch mit Marzipan-Osterhasen und Dekorblümchen verzieren.

Zitronen-Becherkuchen

ZUTATEN:

5 Eier
(als Bechermaß nehmen Sie den Saure-Sahne-Becher)
1 Becher Saure Sahne
1 ½ Becher Zucker
1 Becher Distelöl
1 Fl. Zitronenaroma
1 P. Citroback
3 Becher Mehl
1 P. Backpulver
GUSS:
200 g Puderzucker
Saft einer halben Zitrone

ZUBEREITUNG:

Alle Zutaten in den Mixtopf geben und ca. **3 Min./Stufe 3–4** zu einem Teig verarbeiten. 40–45 Minuten bei 180 °C (Umluft 160 °C) backen. Die Zutaten für den Guss verrühren und über den abgekühlten Kuchen streichen.

Zitronenkuchen mit Mandeln

ZUTATEN:

TEIG:
4 Eier
125 g Zucker
1 P. Vanillezucker
1 EL abgeriebene Schale einer Zitrone
75 g Mehl
2 TL Backpulver
150 g gemahlene Mandeln
GUSS:
4 EL Zitronenmarmelade
1 Marzipantortendecke
250 g Puderzucker
4–5 EL Zitronensaft
bunte Zucker- und Fondant-Eier zum Garnieren
25 g Pistazienkerne

ZUBEREITUNG:

Eier trennen, Eiweiß im Mixtopf **4 Min./Stufe 4** steif schlagen und währenddessen 40 g Zucker einrieseln lassen. Umfüllen. Eigelb mit dem restlichen Zucker, Vanillezucker und Zitronenschale in den Mixtopf geben und **1.Min./Stufe 4** schaumig rühren. Backofen auf 175 °C (O/U) oder 155 °C (Umluft) vorheizen. Mehl und Backpulver dazugeben und **3 Min./Stufe 3** zu einem Teig verarbeiten. Zum Schluss den Eischnee und die Mandeln in den Mixtopf geben und **30 Sek./Stufe 2** unter den Teig rühren. Dabei den Spatel zu Hilfe nehmen. Den Boden einer Springform (26 cm Ø) mit Backpapier auslegen. Den Teig einfüllen und glatt streichen. Im Ofen 30–35 Min. backen, dann herausnehmen, in der Form 10 Min. abkühlen lassen und aus der Form lösen. Den Kuchen ringsum mit der Marmelade bestreichen und diese etwas antrocknen lassen. Mit der Marzipandecke den Rand und die Oberfläche des Kuchens bedecken. Am unteren Rand sauber abschneiden. Puderzucker durchsieben und mit dem Zitronensaft zu einem streichfähigen Guss verrühren. Den Kuchen damit überziehen. Die bunten Zuckereier dekorativ in die Kuchenmitte geben. Die Fondant-Eier außen herumlegen. Die Pistazien fein hacken oder **30 Sek./Stufe 10** mahlen und damit die Torte verzieren.

Zitronentorte mit Zuckerguss

CA. 16 STÜCKE

ZUTATEN:

TEIG:
250 g Butter
200 g Zucker
1 Pr. Salz
4 Eier
300 g Mehl
2 TL Backpulver
70 g Speisestärke
abgeriebene Schale 1 Zitrone
4 EL Milch
GLASUR:
375 g Puderzucker
6 EL Zitronensaft
ZUM GARNIEREN:
gelbe Speisefarbe
150 g kandierte Zitronenscheiben
Melisseblättchen

ZUBEREITUNG:

Backofen auf 175 °C vorheizen. Butter, Zucker und Salz in den Mixtopf geben und **30 Sek./Stufe 3** schaumig rühren. Nun die restlichen Zutaten für den Teig hinzufügen und mit Hilfe des Spatels **2 Min./Stufe 3** zu einem Teig verkneten. Teig in eine gefettete Springform (28 cm Ø) füllen und glatt streichen. Ca. 40 Min. backen. Aus der Form lösen und danach auf einem Kuchengitter auskühlen lassen. 250 g Puderzucker mit 4 EL Zitronensaft verrühren. Kuchen damit dekorativ überziehen. Guss trocknen lassen. Restlichen Puderzucker mit dem restlichen Zitronensaft sowie etwas Speisefarbe mischen. Den Guss in einen Spritzbeutel mit glatter Tülle füllen. Kuchen damit kreisförmig verzieren und trocknen lassen. Kandierte Zitronenscheiben halbieren und Kuchen damit belegen. Mit einigen Melisseblättchen verzieren.

Zitronige Champagner-Torte

ZUTATEN:

3 Eiweiß
50 g Zucker
100 g Mehl
½ P. Backpulver
1 Pr. Salz
2 Becher Sahne
4 MB Champagner
2 Eiweiß
2 P. Zitronenpudding
ZUM GARNIEREN:
Trüffeleier oder andere Osterleckereien

ZUBEREITUNG:

Rühraufsatz einsetzen. Eier trennen und 1 Eiweiß im Mixtopf **1 Min./Stufe 4** zu Schnee verarbeiten. Umfüllen. Rühraufsatz entfernen. Zucker, Mehl, Backpulver und Salz dazugeben und **3 Min./Stufe 3–4** zu einem Teig verarbeiten. Eischnee wieder hinzufügen und mit Hilfe des Spatels **3 Sek./Stufe 3** unterrühren. In eine gefettete Springform füllen und 10–20 Min. bei 180 °C (O/U) backen. Rühraufsatz wieder einsetzen. Sahne in den Mixtopf geben und **Stufe 3,5** mit Sichtkontakt steif schlagen und umfüllen. Nun noch Champagner, Eiweiß und Pudding langsam durch die Deckelöffnung hinzufügen und **30 Sek./Stufe 4** weiterrühren. Sahne dazugeben und ca. **30 Sek./Stufe 3** untermischen. Den Biskuitboden auf einer Tortenplatte anrichten, die Champagnermasse darüber geben und mit Trüffeleiern verzieren.

Zoo-Küchlein

CA. 16 STÜCK

ZUTATEN:

TEIG:
120 g weiche Butter
160 g Zucker
2 Eier
1 Pr. Salz
½ TL Zimt
abgeriebene Zitronenschale
3 reife Bananen
400 g Mehl
1 P. Backpulver
1 Pr. Safran
AUSSERDEM:
Fett und Mehl für die Form
32 Schokoperlen
2 EL Puderzucker
3 EL Bananenchips

ZUBEREITUNG:

Backofen vorheizen auf 180 °C (O/U), 160 °C (Umluft). Butter, Zucker, Eier, Salz, Zimt sowie die Zitronenschale in den Mixtopf geben und **30 Sek./Stufe 3–4** cremig rühren. Bananen schälen, mit der Gabel etwas zerdrücken und **20 Sek./Stufe 2** unter den Teig mischen. Dann Mehl, Backpulver sowie Safran dazugeben und nochmals alles **2 Min./Stufe 3** zu einem glatten Teig verarbeiten. Verschiedene kleine Tierbackformen fetten und mit Mehl ausstäuben. Den Teig hineinfüllen und je nach Größe der Formen die Kuchen ca. 20–30 Min. backen. Herausnehmen und auskühlen lassen. Schokoperlen als Augen hineindrücken. Puderzucker mit ein paar Tropfen Wasser verrühren. Bananenchips damit auf die Kuchen kleben.

Tipp: Die Kuchen lassen sich prima einfrieren. Dann aber erst nach dem Auftauen verzieren.